Die Schalthebel der Konjunktur

Kaufkrafteinsatz und Kaufkraftstillegung als Bestimmungsgründe des Volkseinkommens

Von

Paul Binder
Dr. sc. pol.

München und Berlin 1939
Verlag von R. Oldenbourg

Druck von R. Oldenbourg, München
Printed in Germany

Friedrich List
Albert E. F. Schäffle
Gustav Schmoller
zum Gedenken

Vorwort.

Den Ausgangspunkt für die vorliegende Arbeit bildeten drei Abhandlungen, die im Jahre 1935/36 entstanden sind und sich mit dem Ausmaß des Verbrauchsvolumens, der Größenordnung der Unternehmerbetriebsgewinne innerhalb einer zeitlich abgegrenzten Wirtschaftsperiode, sowie mit den psychologischen und materiellen Grundlagen und Grenzen der Wirtschaftsausweitung und mit den Grenzen einer staatlichen Konsumverschuldung befaßten. Die nähere Ausarbeitung dieser Skizzen hat sich inzwischen zu einer größeren Arbeit über „die Beherrschung der Konjunktur" verdichtet. Der hier aus dieser Arbeit veröffentlichte Teil enthält im wesentlichen den ersten Hauptabschnitt: „Mechanik des Wirtschaftskreislaufs", in dem eine knappe Darstellung der sozusagen mechanischen Zusammenhänge des wirtschaftlichen Leistungsstromes gegeben wird, nicht aber auch der psychologischen und materiellen Kräfte, die diesen Mechanismus des Wirtschaftsapparats in Bewegung setzen und in Bewegung halten. Die wesentlichen Ergebnisse meiner Untersuchungen standen im ersten Entwurf bereits fest, als das Buch „The General Theory of Employment, Interest and Money" von John Maynard Keynes publiziert wurde. Der Einfluß von Keynes auf die vorliegende Arbeit besteht vor allem darin, daß die hier vorgetragenen Gedanken bei wiederholter Durcharbeitung eine schärfere und mehr auf die praktische Wirtschaftspolitik abgestellte Formulierung erfahren haben. Dabei erwies sich die von Anbeginn zur Anwendung gelangte bilanzmäßige Betrachtungsweise als eine nützliche Hilfe, um verwickelte Vorgänge auf eine übersehbare Form der Darstellung zu bringen. Im übrigen mußte auf eine Auseinandersetzung mit den Keynesschen Darlegungen an dieser Stelle verzichtet werden, um eine möglichst straffe Darstellung des vorgetragenen Gedankenganges zu wahren.

In verschiedenen Punkten dürfte indessen die hier vorgetragene Darstellung einiger wirtschaftlicher Zusammenhänge einen Fortschritt gegenüber den Keynes'schen Darlegungen bringen. Dies gilt zum Beispiel hinsichtlich des Multiplikators, der das Größenverhältnis zwischen dem Investitionsvolumen und dem Gesamteinkommen einer Volkswirtschaft bestimmt. Da Keynes ihn positiv mit dem größenmäßig nicht exakt erfaßbaren „Hang zum Verbrauch" erklärt, sieht er sich veranlaßt, seine Ausführungen über den Multiplikator einzuschränken im Hinblick auf Korrekturen, die sich aus der Wirkung der staatlichen Konsumverschuldung, aus bestehenden Außenhandelsverhältnissen und einem schnelleren oder langsameren Durchwirken des Kaufkrafteinsatzes (Vorratsentleerungen und Aufschiebung der Ersatzbeschaffungen bei Anlagen) ergeben. Im Gegensatz zu Keynes wird in der vorliegenden Arbeit der Multiplikator nicht nur auf den Kaufkrafteinsatz zu Investitionszwecken, sondern auch auf den primären Kaufkrafteinsatz zu Konsumzwecken (Konsumverschuldung), also auf den gesamten Kaufkrafteinsatz bezogen. Wichtiger ist jedoch, daß er nicht in der vagen Form als Hang zum Verbrauch, sondern in ganz exakter Weise, aber in umgekehrtem Sinne als Quotient erklärt werden kann. Keynes stellt sich die Frage, wie und warum bewirkt ein primärer Kaufkrafteinsatz eine wertmäßig vielfach größere Beschäftigungszunahme. In der vorliegenden Arbeit wurde die Frage anders herum gestellt: wie und in welchem Ausmaße wird die einmal eingesetzte Kaufkraft an ihrem ungehemmten Auswirken gehindert? Man gewinnt auf diese Weise den Begriff der Kaufkraftstillegungen; und der von Keynes geprägte Begriff des Hangs zum Verbrauch ergibt sich alsdann als reziproker Wert für die Kaufkraftstilllegungen aus Ersparnissen, Unternehmergewinnen, Vermögensfreisetzungen (Vorratsentleerungen und Nichterneuerung von Anlagen) sowie aus einem etwaigen Einfuhrüberschuß. Der Stilllegungsquotient ist also im Gegensatz zum Keynes'schen Multiplikator eine zusammengesetzte Größe. Durch die Analyse der Einzelquotienten ist es jedoch möglich, absolut exakte Größenordnungen hinsichtlich der Stillegungsquoten und des dadurch bestimmten Verbrauchsvolumens zu gewinnen. Dieses Verbrauchsvolumen ist nach der hier gewählten Methode nur wertmäßig, jedoch nicht auch mengenmäßig bestimmt. Eine Veränderung der Preise und Löhne, die — im Hinblick auf die immer bestehende Alternative, bei der Ausdehnung des Verbrauchsvolumens entweder mengenmäßig oder preismäßig zu verfahren — im Zuge einer Veränderung des Verbrauchsvolumens eintreten kann, wird jedoch zu einer entsprechenden Veränderung der Unternehmergewinnbildung bzw. der Einfuhrquote führen; sie ist also im Quotienten der Kaufkraftstillegungen bereits mit berücksichtigt. Wenn bei der Stillegung aus Vermögensbildung in der vorliegenden Arbeit zwischen der Ersparnisbildung aus laufendem Einkommen und der Unternehmergewinnbildung (Vermögensbildung im Betriebe) im Gegensatz zu Keynes streng unterschieden wird, so geschieht dies aus zwei Gründen. Einmal sind die Bestimmungsgründe für die Vermögens- (oder Ersparnis)bildung im Betriebe ganz andere als diejenigen für die Ersparnisbildung aus laufenden Einkommen. Und zum andern ist es ratsam, den Unternehmergewinn darstellerisch besonders hervorzuheben wegen seines besonderen Einflusses auf die Investitionsentschlüsse der Unternehmer.

Die deutsche Nationalökonomie hat sich vorwiegend mit der Erforschung und Entwicklung der produktiven Kräfte befaßt, während die englische Wirtschaftstheorie, die bereits eine hochentwickelte Wirtschaft mit einem ausgedehnten Überseehandel vorfand, sich mehr auf die Analyse der Marktzusammenhänge konzentrierte. So stellt auch Keynes die Frage nach den Bestimmungsgründen der Gesamtbeschäftigung vom Standpunkte der Marktanalyse aus und bringt demgemäß mathematische Darstellungsmethoden auch dort zur Anwendung, wo es sich um die Erschließung organisatorischer und psychischer Tatbestände handelt. Die deutsche Nationalökonomie hat die Untersuchung der Zusammenhänge der Größenordnungen der Produktion und Verteilung einer gegebenen Wirtschaft immer nur lässig betrieben und ist mehr den Kräften, die die Produktion und Verteilung bestimmen und beeinflussen, nachgegangen. Die hier vorgetragene Mechanik des Wirtschaftskreislaufs erfüllt daher gleichsam eine Aufgabe, die die älteren Nationalökonomen Deutschlands vielleicht bewußt einer Generation überlassen haben, die auf Grund der inzwischen durchforschten Tatsachenfülle zu einer neuen Konzeption der Mechanik des Wirtschaftskreislaufs schreiten konnte. Wenn dabei einige Größenzusammenhänge auch in Gestalt einiger einfacher mathematischer Gleichungen dargestellt worden sind, so ist dies lediglich zur Vereinfachung der Ausdrucksweise und des besseren Überblicks wegen geschehen. Damit soll aber natürlich keineswegs der Auffassung gehuldigt werden, als ob das ganze Wirtschaftsleben sich mit einigen mathematischen Formeln bezeichnen lasse.

Mancher Leser wird an der oder jener Stelle sich die Frage vorlegen, wie sich unter der hier dargestellten Anschauungsweise die Vielfalt der konjunkturellen Erscheinungen ordnet. Um diesen Lesern ein ungefähres Bild hierüber zu geben, ist am Schluß der Plan der gesamten Arbeit beigegeben.

Die Arbeit war ursprünglich nur für einen kleinen Kreis persönlicher Freunde und Mitarbeiter bestimmt. Da ihr Gegenstand indessen allgemein interessiert, übergebe ich sie hiermit der Öffentlichkeit.

Berlin, den 15. März 1939.

PAUL BINDER.

Inhaltsverzeichnis.

1. Die Aufgabe.

Die Gefahren wirtschaftlicher Selbstzerstörung.

Unsere Wirtschaft beruht auf einer Teilung der Arbeit. Diese Arbeitsteilung hat im Laufe der Jahrhunderte und insbesondere während der letzten Jahrzehnte eine immer stärkere Durchgliederung erfahren. Dadurch ist die heutige Wirtschaft zu einem derart künstlichen Gebilde geworden, daß die einzelnen Teile derselben in eine immer tiefere gegenseitige Verstrickung geraten sind. Selbst die Landwirtschaft ist heute infolge ihrer steuerlichen Verpflichtungen, des Zukaufs industrieller Produktionsmittel und infolge der Erzeugung für den städtischen Markt so sehr auf Gedeih und Verderben mit den übrigen Teilen der Wirtschaft verbunden, daß ein Rückzug auf die Selbstversorgung der bäuerlichen Scholle ihren eigenen Ruin bedeuten würde. Diese gegenseitige wirtschaftliche Abhängigkeit kann bis zur Gefahr der physischen Vernichtung ganzer Volksstämme gehen, wenn — wie während der letzten Wirtschaftskrise — die bestehenden tauschwirtschaftlichen Verflechtungen durch einen ungewöhnlichen Preisverfall gelöst und dadurch ganze Landstriche von ihren bisherigen Absatzgebieten abgeschnitten werden. Diese Gefahren der wirtschaftlichen Abhängigkeit werden in der modernen Wirtschaft noch dadurch verstärkt, daß die heutigen Produktionsmethoden auf einer sich noch ständig steigernden, maschinellen Spezialisierung der einzelnen Arbeitsvorgänge beruhen und damit das Vorhandensein bereits vorgeleisteter Arbeit in Gestalt von Produktionsanlagen und Vorräten voraussetzen. Bei der Größe und Dauerhaftigkeit dieses maschinellen Produktionsapparates ist die Möglichkeit außerordentlich großer Schwankungen der Ersatzbeschaffung und Erweiterung gegeben, die ihrerseits starke Beschäftigungsschwankungen nach sich ziehen. Das hat wiederum zur Folge, daß bei einem Rückgang der Produktion nicht nur menschliche Arbeitskräfte ungenutzt bleiben, und die bestehenden

Anlagen und Vorräte zum Teil entwertet werden können, sondern daß vor allem auch infolge der Verschiebung des Verhältnisses zwischen vorbereitender und Hilfsarbeit einerseits und ausführender Arbeit andererseits der Wirkungsgrad der menschlichen Arbeitskraft gegenüber dem bei Vollbeschäftigung erreichten Stande außerordentlich stark verringert wird. Diese Gefahren wirtschaftlicher Selbstzerstörung zeigen die Notwendigkeit einer sinnvollen Beherrschung des vorhandenen Wirtschaftsapparates.

Die Übersicht über die bestehenden wirtschaftlichen Zusammenhänge.

Die Übersicht der in der Wirtschaft disponierenden Stellen über die bestehenden wirtschaftlichen Zusammenhänge hat indessen mit dem Ausbau des Produktionsapparates nicht im gleichen Maße Schritt gehalten. Solange der Tätigkeitsbereich der einzelnen Firma auf die nähere oder weitere Umgebung ihres Standortes beschränkt blieb, solange der Abnehmerkreis den Firmeninhabern noch persönlich bekannt war, die Vorstufen der Produktion und die Konkurrenz aus eigener Anschauung beurteilt werden konnten, beruhte die persönliche Initiative des Unternehmers noch auf einer intimen Kenntnis der ihr eigenen Grundlagen. Seitdem jedoch an die Stelle persönlicher Fühlungnahme mit der Kundschaft weitgehend Verkaufsstatistiken und Marktanalysen getreten sind, und die Auswertung von Betriebsrechnungen, Nachkalkulationen und Leistungsstatistiken das Auge des Betriebsleiters ersetzen muß, hat die Wirtschaft einen derartigen Grad volkswirtschaftlicher Verflechtung erreicht, daß die einzelnen wirksamen Faktoren seines Handelns vielfach der unmittelbaren Anschauung des verantwortlichen Unternehmers entrückt und überdies in ihrer Gesamtheit nur noch schwer zu übersehen sind. Und doch sind heute Dispositionen großen Stils ohne Kenntnis der allgemeinen Wirtschaftstendenzen und des Ineinandergreifens der verschiedenartigen volkswirtschaftlichen Vorgänge nicht mehr möglich.

Die Methoden wirtschaftswissenschaftlicher Orientierung.

Die Vielheit und Weitschichtigkeit der volkswirtschaftlichen Zusammenhänge zwingt zum Nachdenken. Dieses Nachdenken kann aber keine Modellwirtschaft zum Gegenstand haben, an deren Idealfall wirtschaftliche Theorien exemplifiziert werden, noch auch ein Wirtschaftsprogramm, das die lebendige Wirtschaft nach einem blutleeren Schema umgestalten möchte.

Dieses Nachdenken muß vielmehr das Ziel verfolgen, das Zusammenwirken der wirtschaftlichen Kräfte in ihrer Eigengesetzlichkeit nachzuzeichnen. Auf diese Weise entsteht ein Bild der bestehenden Zusammenhänge, weit genug, um darin die konkreten Voraussetzungen jeder einmaligen praktischen Situation einzufügen. Denn nicht darauf kommt es an, die stoffliche Fülle der wirtschaftlichen Tatsachen und ihrer Zusammenhänge lückenlos aufzuzählen, sondern eine Methode zu ermitteln, die uns instand setzt, die Gegebenheiten des Einzelfalles in zweckentsprechender Weise zu ordnen, um aus dem gewonnenen Bilde zutreffende Folgerungen für die praktische Behandlung der Dinge zu ziehen. Dieses Nachdenken kann aber fester, klar umrissener Vorstellungen nicht entbehren, um das Chaos der verschiedenartigsten Eindrücke, Einsichten und Erfahrungen zum Zwecke leichterer Orientierung in eine gewisse Ordnung zu bringen. Diese elementaren Vorstellungen sind das geistige Handwerkszeug, um die Fragen der Wirtschaftspolitik, die uns bewegen, zu meistern.

Der Mechanismus des wirtschaftlichen Leistungsaustauschs und die Autonomie seiner Handhabung.

Dabei ist zu unterscheiden zwischen der Mechanik des wirtschaftlichen Leistungsaustausches, deren Darstellung diese Arbeit gewidmet ist, und den Kräften, die diesen Leistungsaustausch in Bewegung setzen. Während der Leistungsaustausch als solcher einer strengen Gesetzmäßigkeit unterliegt, stehen seine Veränderungen im freien Ermessen des wirtschaftenden Menschen, in seiner Eigenschaft als Verbraucher oder als Unternehmer. Das Verhalten der Verbraucher und Unternehmer beruht zwar auf den gegebenen wirtschaftlichen Verhältnissen. Diese selbst sind jedoch nicht die alleinigen Ursachen wirtschaftlicher Entscheidungen. Denn neben den gegebenen Verhältnissen wirken dabei auch die Vorstellungen mit, die hinsichtlich der zukünftigen wirtschaftlichen Entwicklungen und Möglichkeiten gehegt werden. Damit wird aber die Erwartung zukünftiger wirtschaftlicher Verhältnisse, deren Vorkalkulation, zum Mitbestimmungsgrund der wirtschaftlichen Urteils- und Willensbildung. Diese selbst sind psychische Akte und insofern dem kausalen Ablauf des wirtschaftlichen Leistungsaustausches entrückt. Denn die wirtschaftlichen Entscheidungen und Bewertungsakte gehen letzten Endes auf außerwirtschaftliche, nämlich hedonistische, hygienische, soziale, kulturelle, religiöse und politische Motive zurück. Aber selbst da, wo die Entscheidungen auf rein wirtschaftlichen Überlegungen beruhen, ist für jede Entscheidung über eine wirtschaftliche Handlung auch eine Alternativmöglichkeit gegeben. Insofern besteht in der Wirtschaft keine selbsttätige Automatik des wirtschaftlichen Geschehens, wie sie vielfach fälschlicherweise angenommen und häufig in Verkennung der tatsächlichen Verhältnisse unnötigerweise bekämpft wird. Diese Tatsache der psychischen Grundlage aller wirtschaftlichen Vorgänge muß man sich vor Augen halten, um eine reinliche Scheidung zwischen der Mechanik des Wirtschaftskreislaufs und den psychischen Voraussetzungen seiner Veränderungen zu gewinnen.

Die Zielsetzung der Arbeit.

Die Behandlung der materiellen und psychologischen Grundlagen und Grenzen des wirtschaftlichen Leistungsaustausches einschließlich der daraus sich ergebenden konjunkturpolitischen Folgerungen soll einer besonderen Arbeit vorbehalten bleiben. Die vorliegende Arbeit steckt sich nur das Ziel, die mechanischen Zusammenhänge zwischen der Größe des Kaufkrafteinsatzes für Investitions- und Konsumzwecke (Konsumverschuldung) und der Wertgröße des Volkseinkommens (des Sozialprodukts) einer Wirtschaftsperiode genau zu verfolgen. Die Auswirkung eines gegebenen Kaufkrafteinsatzes auf den gesamten volkswirtschaftlichen Umsatz und damit auf das Volkseinkommen wird durch das Maß der Kaufkraftstillegungen (Ersparnisse, Unternehmergewinne usf.) bestimmt. Um diese Zusammenhänge klar zur Darstellung zu bringen, wird im folgenden erst eine Übersicht über die gesamte vorhandene Kaufkraft sowie über die innerhalb einer abgegrenzten Wirtschaftsperiode bewerkstelligten Umsätze einer Volkswirtschaft gegeben.

Die Darstellung bezieht sich nicht auf eine isolierte Volkswirtschaft ohne Außenhandelsbeziehungen und ohne zeitliche Beziehung zur Vergangenheit und zur Zukunft; das Objekt der Darstellung bildet vielmehr eine durch Abstraktionen nicht vereinfachte Volkswirtschaft innerhalb einer zeitlich begrenzten Wirtschaftsperiode. Des weiteren wurde in der vorliegenden Arbeit darauf Bedacht genommen, daß die in der modernen Wirtschaft so bedeutenden und vielfach nicht gebührend gewürdigten Erscheinungen der Anlagenabschreibungen, der Ersatzbeschaffungen und der Vorratsveränderungen das ihnen zukommende Gewicht bekommen. Die Arbeit behandelt, wie schon ausgeführt wurde, nicht die eigentlichen Ursachen und den Ablauf von Wirtschaftsausweitung und Wirtschaftsdepression, sie will für die Behandlung dieser Fragen nur ein praktisch brauchbares Handwerkszeug liefern.

2. Hilfsvorstellungen der volkswirtschaftlichen Betrachtung.

Bevor die Mechanik des wirtschaftlichen Leistungsaustauschs im einzelnen untersucht werden kann, ist es notwendig, zur Erzielung einer Übersicht über das gesamte Untersuchungsfeld zwei Hilfsvorstellungen zu entwickeln, welche die Bewegungen und den Verbleib sämtlicher Leistungen und Kaufkraftmengen genau zu erfassen gestatten. Insofern führt dieser Abschnitt noch nicht zur Analyse des Kaufkrafteinsatzes und der Kaufkraftstillegungen selbst. Als Grundlage der später zur Anwendung gelangenden Untersuchungsweise ist die Ausarbeitung der beiden volkswirtschaftlichen Hilfsvorstellungen, nämlich der „Gesamterfolgsrechnung einer Wirtschaftsperiode“ und der „Gesamtbankenbilanz einer Volkswirtschaft“ jedoch zweckmäßig.

Die volkswirtschaftliche Gesamterfolgsrechnung einer Wirtschaftsperiode.

Das Ergebnis des Wirtschaftskreislaufs als Ganzes.

Eine nur den kausalen Ablauf einzelner Wirtschaftsveränderungen verfolgende Darstellung würde sich, infolge der bestehenden vielfältigen wirtschaftlichen Verflechtungen und Wechselbeziehungen der Gefahr aussetzen, nicht alle Auswirkungen einer wirtschaftlichen Maßnahme zu erfassen. Auch würde eine derartige Darstellung dem Umstande, daß im Wirtschaftsleben den Größenordnungen als solchen auch eine qualitative Bedeutung zukommt, nicht Rechnung tragen. Es gilt daher als Nächstes, eine Methode zu entwickeln, die es gestattet, die Ergebnisse des Wirtschaftskreislaufes als Ganzes zu übersehen.

Die Aufstellung der Gesamterfolgsrechnung.

Wenn sich der Betriebswirt Rechenschaft ablegen will über einzelne Vorgänge seines Betriebes, so sammelt er zunächst alle Aufwendungen und Erträgnisse in einer Betriebsrechnung, ehe er in eine Untersuchung der einzelnen Veränderungen und ihrer Ursachen selbst eintritt. In genau der gleichen Weise müssen wir vorgehen, wenn wir in eine Untersuchung von Veränderungen des volkswirtschaftlichen Kreislaufes eintreten wollen. Eine lückenlose Erfassung des Erfolges der wirtschaftlichen Tätigkeit, der durch die innerhalb einer Wirtschaftsperiode erzielte Produktion an Verbrauchswerten und Investitionsgütern dargestellt wird, läßt sich für eine bestimmte Wirtschaftsperiode durch die Aufstellung einer Gesamterfolgsrechnung der Volkswirtschaft erzielen. In einer solchen Gesamterfolgsrechnung ist das Gesamteinkommen der Volkswirtschaft gleich den Produktionskosten zuzüglich der in der betreffenden Wirtschaftsperiode erzielten Unternehmerbetriebsgewinne abzüglich von Betriebsverlusten. Dem Gesamteinkommen der Volkswirtschaft entspricht der Erlös ihrer gesamten Produktion einschließlich der Bestandsvermehrungen und abzüglich von Bestandsverminderungen.

Die Nettoerfolgsrechnung.

Eine derartige Gesamterfolgsrechnung einer Wirtschaftsperiode läßt sich nun nicht einfach durch eine Aufsummierung der einzelnen Erfolgsrechnungen sämtlicher Betriebe einer Volkswirtschaft (einschließlich Hausvermietungen, Landwirtschaft usf.) erreichen; denn es ist dabei zu beachten, daß sich die Herstellung der Endprodukte in verschiedenen Produktionsstufen vollzieht. Insoweit erscheinen in der durch einfache Aufsummierung gewonnenen Bruttogesamterfolgsrechnung die Erlöse vorgelagerter Produktionsstufen als Kosten der die Weiterverarbeitung bzw. Verteilung vornehmenden Betriebe. Eine reine Aufsummierung der Kosten und Erlöse der einzelnen Erfolgsrechnungen würde daher zu Doppelzählungen führen. Es ist somit notwendig, aus der Bruttoerfolgsrechnung diese Doppelzählungen wieder auszuscheiden, um auf das Gesamteinkommen der Volkswirtschaft und den diesem Gesamteinkommen entsprechenden Wert der Nettoproduktion der Volkswirtschaft zu kommen. Die von den Doppelzählungen bereinigte Erfolgsrechnung kann als volkswirtschaftliche Netto-Erfolgsrechnung bezeichnet werden.

Die Kosten vorgelagerter Produktionsstufen und Bestandsveränderungen.

Um diese Nettoerfolgsrechnung zu erhalten, sind also die in der Bruttoerfolgsrechnung ausgewiesenen Aufwendungen und Erlöse für Roh-, Hilfs- und Betriebsstoffe, sowie für sonstige Leistungen vorgelagerter Produktionsstufen als durchlaufende Posten auszuscheiden. Denn die Herstellungskosten für Leistungen vorgelagerter Produktionsstufen sind bereits unter den Löhnen und Gehältern, Abschreibungen, Zinsen, Steuern und Unternehmergewinnen der betreffenden Betriebe enthalten, während die Erlöse einmal als Produktionserlöse der vorgelagerten Produktionsstufen selbst und sodann ein zweites Mal anteilig in den Erlösen der Endproduktion erscheinen, solange eine Aufrechnung in der Stufe der Endproduktion noch nicht vorgenommen ist.

Soweit der Gesamtabsatz der Wirtschaftsperiode auf Bestandsverminderungen, d. h. auf Leistungen vorausgegangener Wirtschaftsperioden zurückgeht, also mehr Produkte abgesetzt als produktive Leistungen in der gleichen Wirtschaftsperiode aufgebracht wurden, sind die Bestandsverminderungen an Rohstoffen, Halb- und Fertigfabrikaten, die in der Betriebsrechnung der Produktions- und Verteilungsbetriebe als „Aufwendungen“ erscheinen, auch in der Gesamterfolgsrechnung auf der Seite der Produktionskosten als besonderer Aufwandsposten zu erfassen. Dieser Aufwand stellt jedoch kein laufendes Einkommen der Wirtschaftsperiode dar. Denn es handelt sich bei der Liquidation dieser Vorräte um einen Vermögensverzehr, den wir als Vermögensfreisetzung bezeichnen, weil der Erlös aus den Bestandsverminderungen nunmehr für andere Verwendungszwecke zur freien Verfügung steht.

Anlagenabschreibungen.

In der gleichen Weise wie die Leistungen vorgelagerter Produktionsstufen sind auch die zu Erneuerungszwecken wieder verausgabten regulären Anlagenabschreibungen aufzurechnen, da der Gegenwert der Anlagenerneuerungen in der Bruttoerfolgsrechnung einmal als Erlös der mit der Anlagenerneuerung beschäftigten Investitionsbetriebe und zum anderen ein zweites Mal anteilig im Produktionserlös der Endproduktion mitenthalten ist. Da der in Wirklichkeit sehr schwankende Umfang der Anlagenerneuerungen für die Gesamtbeschäftigung der Volkswirtschaft von großem Einfluß ist, empfiehlt es sich indessen, die Anlagenabschreibungen und ihre Verwendung zu Ersatzinvestitionen in der Gesamtnettoerfolgsrechnung als durchlaufende Posten besonders kenntlich zu machen. Soweit die verdienten Abschreibungen (als Gegenwert für die Anlagenleistungen bzw. -abnutzung) nicht in der nämlichen Wirtschaftsperiode wieder verausgabt werden, stellen diese verrechneten Abschreibungen kein Einkommen, sondern ebenfalls eine Vermögensfreisetzung dar. Sie erscheinen daher unter den Aufwendungen der Produktionsperiode als ein besonderer Aufwandsposten, ebenso wie der Aufwand an nicht mehr erneuerten Vorräten.

Der Leistungsaustausch mit dem Auslande.

Hinsichtlich des Leistungsaustausches mit dem Auslande ist folgendes zu bemerken:

Soweit die Produktion des Wirtschaftskreislaufs auf einem Leistungsaustausch mit dem Auslande beruht, erscheinen als Kosten der vom Ausland bezogenen Waren und Dienste die Kosten der dafür hingegebenen Ausfuhrwerte. Deren Erlös muß also gegen die unmittelbaren Einfuhraufwendungen aufgerechnet werden, so daß die Kosten der Einfuhr mit den Kosten der Ausfuhrleistungen ausgewiesen werden. Soweit im Leistungsaustausch mit dem Auslande per Saldo ein Einfuhrüberschuß zur Entstehung gelangt, erscheint dieser in der Gesamterfolgsrechnung als besondere Aufwandsposition. Er stellt den Nettobeitrag des Auslandes zum laufenden Gesamtabsatz der betreffenden Wirtschaftsperiode dar. In der Regel wird die „Nettoproduktion" einer Volkswirtschaft nur auf die eigenen produktiven Leistungen der Volkswirtschaft bezogen, also in der Gesamterfolgsrechnung beiderseits der Anteil des Auslandes (Einfuhrüberschuß) abgesetzt. Für unsere Zwecke ist es aber vorteilhafter, diesen Anteil fremder Volkswirtschaften in der Gesamterfolgsrechnung kenntlich zu machen, da diese ja gerade alle volkswirtschaftlichen Vorgänge wiedergeben soll. Ein per Saldo entstehender Ausfuhrüberschuß kommt einer Bestandsvermehrung gleich, deren Kosten immer laufende Einkommen der betreffenden Produktionsperiode bilden. Unter der Ausfuhr bzw. Einfuhr ist der gesamte Leistungsaustausch mit dem Auslande zu verstehen. Zinsen und Renten, die an das Ausland gezahlt werden, sind also den Einfuhrwerten, hingegen Zinsen und Renten, die vom Auslande empfangen werden, den Ausfuhrerlösen für Waren- und Dienstleistungen zuzurechnen.

Steuern und Abgaben.

Steuern und Abgaben stellen eine auf außerwirtschaftlichen Einwirkungen beruhende Korrektur der Einkommensverteilung dar und sind insoweit in der Gesamterfolgsrechnung der Volkswirtschaft ebenfalls zum größten Teil als durchlaufende Posten zu behandeln. Soweit sie nämlich zur Bestreitung von Arbeitseinkommen und Pensionen (gleich nachgezahlten Löhnen und Gehältern) oder zur Bestreitung von Zinsen dienen, wird man in diesem Umfange die Steueraufwendungen gleich den entsprechenden Einkommensarten zuschlagen. Es verbleibt alsdann noch ein Rest, der dasjenige Steueraufkommen (einschließlich Abgaben) der öffentlichen Hand darstellt, das zur Bestreitung ihres Sachaufwandes und der Vermögensbildung dient. (Praktisch wird es sich bei dieser Vermögensbildung zumeist um eine Verringerung von Schulden handeln.) Mitunter ist es jedoch zweckmäßig, das Steueraufkommen als solches in seiner Gesamtheit in der Gesamterfolgsrechnung als durchlaufenden Posten selbst kenntlich zu machen und die Gesamterfolgsrechnung insoweit als Bruttorechnung zu führen.

Betriebsverluste und Unternehmerbetriebsgewinne.

Weiterhin sind in der Nettoerfolgsrechnung einer Volkswirtschaft die Betriebsverluste nicht gegen die Unternehmerbetriebsgewinne aufzurechnen, sondern als solche gesondert auszuweisen, um im weiteren Verlauf der Untersuchung die verschieden gearteten Gründe ihrer Entstehung deutlicher hervortreten zu lassen. Der Unternehmergewinn unterscheidet sich von dem unter dem Arbeitseinkommen auszuweisenden z. T. gewinnabhängigen (Tantiemen) Unternehmerlohn dadurch, daß es sich beim Unternehmergewinn immer schon um eine Vermögensbildung im Betriebe handelt, im Gegensatz zur Ersparnisbildung aus laufendem Einkommen außerhalb der Betriebe. Wertberichtigungen, die entweder in Form von außerordentlichen Abschreibungen auf Anlagen, Debitoren und Vorräte zu einem Vermögensverlust oder in Gestalt von Realisationsgewinnen zu einem Vermögenszuwachs führen, sind in der Gesamterfolgsrechnung nicht mitenthalten, da es sich dabei um Berichtigungen der Vermögensbewertung handelt, die nichts mit der laufenden Produktion und den daraus herrührenden Einkommen zu tun haben; sie sind also nicht den Betriebsverlusten bzw. Unternehmerbetriebsgewinnen zuzusetzen, sondern bei den davon betroffenen Eigenvermögen als Bewertungsdifferenzen direkt ab- bzw. zuzusetzen.

Die Gesamterfolgsrechnung einer Wirtschaftsperiode.

Die Gesamterfolgsrechnung einer Wirtschaftsperiode zeigt nunmehr folgendes Bild:

Gesamtnettoerfolgsrechnung.

Produktionsaufwendungen:	Erlöse:
1. Arbeitseinkommen an Löhnen, Gehältern und Pensionen, einschl. der aus Steueraufkommen bezahlten Arbeits- und Pensionseinkommen. 2. Zinsen und Renten (einschl. der aus Steueraufkommen bezahlten Zinsen und Renten). 3. Einkommen der öffentlichen Hand zur Bestreitung ihrer Sachausgaben und der Vermögensbildung. 4. Unternehmergewinne. 5. ·/· Betriebsverluste	1. Verbrauchsproduktion 2. Investitionsgütererzeugung } einschl. Bestandserhöhung und Ausfuhrüberschuß.
I. Nettoeinkommen der Volkswirtschaft aus eigenen Leistungen der Wirtschaftsperiode.	= Nettoproduktion der Volkswirtschaft (Leistungen der laufd. Wirtschaftsperiode).
II. Einfuhrüberschuß (Einkommen des Auslandes).	= Leistung des Auslandes.
III. Vermögensfreisetzung: a) aus liquidierten Vorräten, b) aus nicht wieder erneuerten Anlagen (aus nicht wieder investierten regulären Abschreibungen).	= Leistungen vorangegangener Wirtschaftsperioden.
Gesamtnettoaufwendungen	= Gesamtnettoerlöse (Gesamtabsatz an Endprodukten zuzügl. Bestandsvermehrungen).
Durchlaufende Posten: Zu Erneuerungszwecken verwandte Anlagenabschreibungen.	= Erneuerung der abgenutzten Anlagen.

Anmerkung: Die Positionen I und IIIb zeigen die Größenordnung der gesamten Inlandsproduktion der Wirtschaftsperiode.

Der theoretisch einfachste Fall wäre gegeben, wenn die Gesamtnettoerlöse der laufenden Produktion entsprächen, also der Rückgriff auf Leistungen des Auslandes oder Vorleistungen früherer Wirtschaftsperioden entfallen würde. Es würde alsdann folgendes gelten: Der theoretisch einfachste Fall.

I. Die Gesamterlöse der Wirtschaftsperiode entsprächen dem Werte der laufenden Produktion:

1. Es gelangte also kein Einfuhrüberschuß zur Entstehung.
2. Es fände ferner keine Vermögensfreisetzung durch Rückgriffe auf die Leistungen früherer Wirtschaftsperioden in Gestalt von Vorratsauflösung statt.

   Insbesondere würden die verdienten Anlagenabschreibungen in vollem Umfange wieder zu Erneuerungszwecken verausgabt.

II. Der Wert der laufenden Produktion entspräche dem inländischen Absatze an Endprodukten dadurch, daß

1. keine Bestandserhöhungen eintreten würden und
2. kein Ausfuhrüberschuß erzielt werden würde.

In der Wirklichkeit kommt dieser einfachste Fall aber selten vor. Man darf deshalb die Komplizierungen nie übersehen.

Vom gesamten Absatz einer Wirtschaftsperiode ist ein Teil zum sofortigen Verbrauche bestimmt, während ein anderer Teil der Erweiterung des werbenden und des Gebrauchsvermögens dient. Es ist daher notwendig, die Gesamtnettoerlöse aufzuteilen in verbrauchte Leistungen und in den Vermögenszuwachs, und dementsprechend auch die Gesamtnettoeinnahmen in verbrauchte und nicht verbrauchte Einkommensteile zu gliedern. Bei der Einkommensverwendung ist dabei zu beachten, daß die aus den laufenden Einkommen gebildeten Ersparnisse nur z. T. zum Ankauf von neu produzierten Vermögensgegenständen und Investitionsgütern dienen; der andere Teil der Ersparnisse gelangt zu konsumtiver Verwendung. Die konsumtive Verwendung von Ersparnissen kann sich entweder in der Weise vollziehen, daß bereits vorhandene Aktivvermögen — im Gegensatz zu dem in der betreffenden Wirtschaftsperiode geschaffenen Neuvermögen — aus laufenden Ersparnissen erworben und der Erlös von den Veräußerern zu Konsumzwecken verwandt wird, oder in der Form, daß bereits vorhandenes Vermögen oder die zukünftige Vermögens- Vermögensübertragungen.

bildung (z. B. bei Staatsverschuldung) durch Aufnahme einer Schuld bei den Sparern belastet wird. Volkswirtschaftlich gesehen stellt diese Belastung auch eine Vermögensübertragung, wenn auch nur mittelbarer Art, dar. Man kann daher bei der konsumtiven Verwendung von Ersparnissen immer im volkswirtschaftlichen Sinn von einer Vermögensübertragung sprechen. Die Vermögensübertragungen können auch durch die Wiederverausgabung von Guthaben aus Unternehmergewinnen und durch Auflösung alter Sparguthaben vollzogen werden. Alsdann wird der auf Grund der Wiederinverkehrbringung der Kaufkraft zur Entstehung gelangende neue Sparer volkswirtschaftlicher Eigentümer derjenigen Aktiven, die bisher mit Hilfe der aus den bereits bestehenden Ersparnissen und Unternehmergewinnen gebildeten Guthaben finanziert worden sind.

Die Bilanz der Nettoumsätze.

Unter Berücksichtigung dieser Vermögensübertragung läßt sich die volkswirtschaftliche Gesamterfolgsrechnung zu nachstehender Bilanz der Nettoumsätze ausgestalten. Dabei müssen, der Vollständigkeit halber, Bestandsverringerungen wie -vermehrungen als Umsätze eingesetzt werden, da sonst wesentliche Lücken der Erfassung der Gesamtvorgänge blieben.

A. Nachfrageseite.

I. Verbrauchswerte.	II. Investitionsw
I. Nettoeinkommen laut Gesamterfolgsrechnung.	
Einkommensverwendung: ·/· Unternehmerbetriebsgewinne. + Betriebsverluste.	+ Unternehmerbetri gewinne. ·/· Betriebsverluste.
·/· Ersparnisse aus laufenden Einkommen.	+ Ersparnisse aus den Einkommen.
+ Vermögensübertragungen zur Entfaltung einer zusätzl. Konsumnachfrage.	·/· Vermögenswert a Übernahme neben der Vermögensü gungen.
II.	+ Anteilige Vermög dung in Händen d landes in Höhe d fuhrüberschusses.
III.	+ Vermögens-Freise gen infolge der dation von Vorrät der Nichterneueru Anlagen.
Besondere Verwendung der anfallenden Leistungen: a) b)	
Verbrauchsnachfrage.	Nachfrage nach Invest werten.

ız.

B. Angebotsseite.

erbrauchswerte.	II. Investitionswerte.
Produktionsleistung Verbrauchswerten lt. .-Erfolgsrechnung schl. Ausfuhrüber- ıß).	Lfde. Produktionsleistung an Investitionsgütern lt. Ges.-Erfolgsrechnung (einschl. Ausfuhrüberschuß).
fuhrüberschuß an brauchsgütern (Rohf bis Endprodukt).	+ Einfuhrüberschuß an Investitionsgütern (Rohstoff bis Endprodukt).
ätzliche Leistungen ch Rückgriff auf Vor- ungen früh. Wirt- ftsperioden (Liquida- von Vorräten und hterneuerung von An- n).	+ Zusätzliche Leistungen durch Rückgriff auf Vorleistungen früh. Wirtschaftsperioden (Liquidation von Vorräten und Nichterneuerung von Anlagen).
sfuhrüberschuß an brauchswerten. rratszugang an Ver- uchswerten.	+ Ausfuhrüberschuß an Verbrauchswerten. + Vorratszugang an Verbrauchswerten.
ot an Verbrauchs- ten.	Angebot an Investitionswerten.

Der Zugang an Vorräten (auch an Verbrauchsgütern) stellt ebenso wie neue Anlagen eine Investition dar, da er einen Zugang an Vermögenswerten bedeutet.

Die Vermögensveränderungsbilanz.

Die Bilanz der Nettoumsätze einer Wirtschaftsperiode weist auch die Nachfrage und das Angebot von Investitionswerten aus. Löst man diesen Teil der zur Umsatzbilanz erweiterten Gesamtnettoerfolgsrechnung aus dieser als selbständigen Teil heraus, so erhält man damit die Bilanz der Vermögensveränderungen der betreffenden Wirtschaftsperiode, soweit sie mit der laufenden Produktion und Einkommensverwendung zusammenhängen, also abgesehen von den rechnerischen Vermögenskorrekturen infolge ganzer oder teilweiser Vernichtung von Vermögenswerten.

Vermögensveränderungsbilanz.

1. Kaufkraftmäßige Vermögensbildung. a) Unternehmerbetriebsgewinne, b) Ersparnisse (einschl. solcher der öffentlichen Hand), c) Auslandsanteil (Einfuhrüberschuß). 2. Vermögensfreisetzung. a) Aus der Liquidation von Vorräten, b) aus der Nichtwiederverausgabung verdienter regulärer Anlagenabschreibungen einschl. der in den Betriebsverlusten mit verrechneten, aber nicht verdienten Anlagenabschreibungen.	1. Leistungsmäßige Vermögensneubildung. a) Neuinvestitionen an Anlagen und Vorräten, b) Ausfuhrüberschuß. 2. Vermögensübertragungen. a) Konsumkredite, b) aufgelöste Vermögen, c) wieder verausgabte Unternehmergewinne. 3. Betriebsverluste.
Summe der für Vermögensanlagen verfügbar gewordenen Beträge (Vermögensdispositionen).	Summe der einzelnen Vermögensanlagen.

Es ist in diesem Zusammenhange besonders darauf hinzuweisen, daß auf der Seite der Vermögensdispositionen nicht nur die Vermögensbildung aus Unternehmergewinnen und Ersparnissen steht, sondern auch der Anteil des Auslandes an der inländischen Vermögensbildung, welcher dem per Saldo sich ergebenden Einfuhrüberschuß entspricht, sowie die Vermögensfreisetzungen aus der Nichterneuerung liquidierter Vorräte und abgenutzter Anlagen. Auf der Seite der Vermögensanlagen treten neben den Neuzugang an Anlagen und Vorräten (einschließlich der darin enthaltenen Ausfuhrüberschußwerte) die aus den Vermögensdispositionen vorgenommenen Übertragungen an Altvermögen, die sich aus der Auflösung von Ersparnissen der Wiederverausgabung von Unternehmergewinnen und der Aufnahme von Konsumkrediten durch die Vorbesitzer ergeben, sowie die hingenommenen Betriebsverluste. Die Betriebsverluste haben volkswirtschaftlich gesehen auch den Charakter von Konsumkrediten, wobei die Konsumenten, nämlich die Einkommensbezieher der Verlustbetriebe ihren zusätzlichen Konsum nicht durch eine eigene Schuldaufnahme, sondern zu Lasten der von den Betriebsverlusten betroffenen Unternehmungen und deren Gläubigern finanziert bekommen. Die in den Betriebsverlusten enthaltenen nichtverdienten Abschreibungen stellen eine Vermögensfreisetzung dar wie die Nichtverwendung verdienter Abschreibungen, wobei jedoch diese besondere Vermögensfreisetzung hinsichtlich ihrer Verwendung (Finanzierung der Betriebsverluste) einer zwangsläufigen Bindung unterliegt.

Der Umfang der Investitionstätigkeit und der Vermögensübertragungen ist indessen, wie später noch näher dargelegt wird, nicht primär an den Betrag der Ersparnisbildung oder der Vermögensdispositionen insgesamt gebunden. Sofern die Investitionstätigkeit über den bisherigen Umfang hinaus steigt, führt diese Steigerung der Investitionstätigkeit zwangsweise zu einer entsprechenden Erhöhung der Unternehmergewinne und Ersparnisse usw.

Der volkswirtschaftliche Vermögenszuwachs.

Der Umfang der kaufkraftmäßigen Vermögensbildung umfaßt auch diejenige Vermögensbildung, die auf Vermögensübertragungen und den Betriebsverlusten anderer beruht, also z. T. nur eine Zunahme der innervolkswirtschaftlichen Verschuldungsverhältnisse begründet, aber keinen tatsächlichen Zugang an Vermögenswerten in der Volkswirtschaft darstellt. Es ist daher notwendig, aus der Vermögensveränderungsbilanz durch einfache Umgruppierung den *volkswirtschaftlichen Vermögenszuwachs*, also die leistungsmäßige Vermögensbildung an Investitionen und Vorräten (nach Absetzung der Vermögensfreisetzungen und unter Berücksichtigung eines etwaigen Ausfuhrüberschusses bzw. Einfuhrüberschusses) zu ermitteln. Es ergeben sich alsdann folgende Verhältnisse zwischen volkswirtschaftlichem und individuellem Vermögenszuwachs (abgesehen wieder von rechnerischen Vermögenskorrekturen):

Volkswirtschaftlicher Vermögenszuwachs.

1. Leistungsmäßige Vermögensneubildung an Neu-Investitionen und Vorratserhöhungen.	1. Kaufkraftmäßige Vermögensbildung aus Ersparnissen, Unternehmergewinnen und der Zunahme der in Umlauf befindlichen Kaufkraftmenge.
2. ·/· Vermögensfreisetzungen (einschließlich *nicht* verdienter und auch nicht wieder erneuerter Anlagenabnutzung).	2. ·/· Vermögensübertragungen (negatives Sparen).
3. + Ausfuhrüberschuß.	3. ·/· Betriebsverluste (einschl. nichtverdienter und auch nicht wieder erneuerter Anlagenabschreibungen).
	4. + Anteil des Auslandes an der Vermögensbildung infolge eines Einfuhrüberschusses.
Gütermäßiger Vermögenszuwachs =	Tatsächlicher Nettozuwachs der Einzelvermögen (einschl. der Beteiligung des Auslandes).

Die Vermögensveränderungsbilanz ist in der modernen Wirtschaft außerordentlich wichtig, weil sie gleichzeitig den Umfang und die Arten ausdrückt, in denen Kaufkraft in Umlauf gesetzt und stillgelegt wird. Durch diesen Einsatz und die Stillegung von Kaufkraft wird das gesamte Umsatzvolumen der Volkswirtschaft bestimmt, wie später zu zeigen sein wird. Ehe das Einwirken von Kaufkrafteinsatz und -stillegung auf das Umsatzvolumen verfolgt werden kann, ist es aber notwendig, das Vorkommen der Kaufkraft im Rahmen der Gesamtbankenbilanz zu untersuchen.

Verrechnung der Anlagenabschreibungen.

Hinsichtlich der genauen größenmäßigen Erfassung der Anlagenabschreibungen, Unternehmergewinne und Betriebsverluste in der Gesamterfolgsrechnung sind noch einige ergänzende Bemerkungen notwendig:

Der Gesamtnettoaufwand und der volkswirtschaftliche Vermögenszuwachs sind wegen der Abschreibungen rechnerisch nicht exakt erfaßte Größen. Denn die Abschreibungen stellen eine nur rechnerische Größe dar; durch sie soll der Beitrag der langfristig verwertbaren Vorräte an Gebäuden und Maschinen zur laufenden Produktion nach besonderen Verrechnungsweisen erfaßt werden. Wenn die Abschreibungen zu niedrig angesetzt werden, so erscheinen die Unternehmergewinne und das Nettoeinkommen der Volkswirtschaft zu hoch und umgekehrt.

Wenn man die gesamten Produktionsleistungen einschließlich der Produktion an Ersatzanlagen als das Brutto-Sozialprodukt einer Wirtschaftsperiode bezeichnet, so ist aus diesem Brutto-Sozialprodukt rechnerisch der Produktionsbeitrag, den frühere Wirtschaftsperioden durch die Mitwirkung der früher erstellten Gebäude und Maschinen leisten, auszuscheiden, um das Netto-Sozialprodukt, die reine Leistung der jetzigen Wirtschaftsperiode, zu gewinnen und damit auch das dessen Wert entsprechende Nettoeinkommen der Volkswirtschaft.

Die tatsächlichen in einer Wirtschaftsperiode vorgenommenen Abschreibungen entsprechen nun nicht den richtigerweise zu verrechnenden Anlagenleistungen, sondern sind mehr oder weniger willkürlich bemessen. Deshalb lassen sich auch die richtigen Unternehmergewinne und der Aufwand der Nettoproduktion wie des Vermögenszuwachses in der Wirklichkeit nicht exakt ermitteln. Es handelt sich dabei aber nur um eine mangelnde Exaktheit hinsichtlich der Abgrenzung zwischen Gesamteinkommen und Vermögensfreisetzungen, die indessen die Wertgröße der Gesamtumsätze und insbesondere der Investitionen nicht berührt.

In der deutschen Praxis werden die Anlagenabschreibungen gegenwärtig überwiegend nicht als proportionale Kosten der Maschinen- und Gebäudeleistungen behandelt. Die Verrechnung insbesondere der Maschinenleistung hat aber wirtschaftlich genau so wie die Verrechnung von Rohstoffen und des Arbeitsaufwandes proportional den Leistungen zu erfolgen. Derjenige Unternehmer aus alter Schule, der in der Wirtschaftsausweitung viel abgeschrieben und in der Depression kleinere oder — aus einem erst später noch zu erörternden guten Grunde — überhaupt keine Abschreibungen vorgenommen hat, hat jedenfalls volks- und betriebswirtschaftlich richtiger gehandelt als der Unternehmer, der heute unabhängig von der konjunkturellen Lage seines Betriebes gleich große Abschreibungen kalkuliert und verrechnet. Denn in Wirklichkeit handelt es sich bei den Abschreibungen nur um einen besonderen Verrechnungsmodus für langfristig verwertbare Vorräte an Gebäude- und Maschinenleistungen. Soweit aber höhere als leistungsproportionale Abschreibungen infolge vorzeitiger technischer Überalterung, infolge von Neuerfindungen oder Nichtausnutzung der vorhandenen Produktionsanlagen notwendig werden, handelt es sich dabei um neutralen Aufwand, also um keine die laufende Produktion belastenden Kosten, sondern um einen reinen Vermögensverlust (Vermögensschwund). Mehrabschreibungen, die zur Bildung stiller Reserven führen, sind überhaupt keine Kosten, sondern ein versteckter Unternehmergewinn. Die Gefahr technischer Überalterungen bringt es mit sich, daß die leistungsproportionalen Abschreibungen infolge vorsichtiger Bemessung der Leistungszeit verhältnismäßig hoch angesetzt werden. Es empfiehlt sich daher bei den von technischer Überalterung bedrohten Anlagen zwecks möglichst wirtschaftlicher Ausnutzung eine mehrschichtige Produktion durchzuführen.

Anlagenabschreibungen als leistungsproportionaler Aufwand.

Bei der Verrechnung der Anlagenleistungen ist indessen zu beachten, daß die Abschreibungen für die Abnutzungen der Maschinen und Gebäude und die Reparaturaufwendungen für die Erhaltung der Leistungsfähigkeit der Anlagen wirtschaftlich eine Einheit bilden. Entweder müssen daher die werterhaltenden sogenannten großen Reparaturen, die zumeist auch nicht gleichmäßig anfallen, aktiviert werden, oder es müssen die Anlagenabschreibungen so bemessen werden, daß in den späteren Jahren der Ingebrauchnahme, in denen die großen Reparaturen sich zu häufen pflegen, die zur Verrechnung gelangenden Anlagenabschreibungen entsprechend niedriger werden. Vor dem Kriege hatte sich hierfür die Methode der prozentual gleichmäßigen Abschreibung auf Restbuchwerte herausgebildet. Diese Abschreibung trägt auch dem Umstande Rechnung, daß der schließ-

Ihr Zusammenhang mit den Reparaturen.

lich immer weniger sich verringernde Restbuchwert nicht mit den laufenden Betriebsleistungen verrechnet wird, sondern als Schrottwert durch Verschrottung und Abbruch der veralteten Anlagen zur Verrechnung gelangt. Zur Zeit ist in Deutschland die Abschreibungsmethode auf Restbuchwerte und insbesondere eine darauf beruhende Kalkulation der Gefahr schwerer wirtschaftlicher Irrtümer ausgesetzt, da die Restbuchwerte durch die Goldmarkeröffnungsbilanzen und wiederholte Sonderabschreibungen bei Sanierungen und neuerdings insbesondere für kurzlebige Wirtschaftsgüter völlig zufällige Größen geworden sind. Hier kann nur die Zugrundelegung von Reproduktionskostenwerten Abhilfe schaffen. Um im Hinblick auf die mit wachsendem Alter der Anlagen sich steigernden Reparaturen doch zu einem leistungsproportionalen Aufwande für die Anlagenleistungen zu kommen, müßte bei Zugrundelegung von Reproduktionskostenwerten mit sinkenden Anlagenabschreibungssätzen gerechnet werden. Fallende Abschreibungssätze, die gelegentlich zur Anwendung gelangen, tragen dem Umstande Rechnung, daß neuerrichtete Anlagen in der ersten Zeit ihrer Inbetriebnahme zusätzliche, und zwar besonders hohe Unternehmergewinne erbringen, während sie in ihrer letzten Benutzungszeit veraltet sein können, derart, daß andere Betriebe insgesamt billiger arbeiten und daher der veraltete, lohnintensivere Betrieb durch niedriger bemessene Anlageabschreibungen entlastet werden muß.

Abschreibungen auf nur vorübergehend nutzbare Anlagen.

Bei nur vorübergehend nutzbaren Investitionen für einen zeitlich begrenzten Investitionszweck, bei dem nach völliger Markterschließung nur noch mit wesentlich kleineren Ersatzinvestitionen zu rechnen ist (Radio, Auto, Rüstungen), müssen die Abschreibungen der nur vorübergehend genutzten Produktionsanlagen kurzfristig, d. h. mit der einmaligen Mehrproduktion verrechnet werden. Ähnliches gilt für die Amortisation der konjunkturellen Reservekapazitäten der Investitionsgüterindustrie.

Abschreibungen auf Reproduktionskostenwerte.

Da die Abschreibungen der Verrechnung von Anlageleistungen dienen, müssen sie eigentlich auf der Grundlage von Reproduktionskostenwerten kalkuliert und verrechnet werden. Denn die im Erlös der Produktion einkalkulierten und verdienten Anlagenabschreibungen müssen doch zur Beschaffung der Ersatzanlagen, also zur Deckung der Reproduktionskosten dieser Anlagen dienen. Im allgemeinen werden *Abschreibungen auf Anlagen* aber auf die Anschaffungswerte bezogen, und *Reproduktionskosten* weder kalkuliert noch verrechnet. Das hat seine volkswirtschaftliche Berechtigung darin, daß die tatsächlichen Reproduktionskosten der Anlagen gleicher Leistungsfähigkeit, die in der Regel erst nach einer, zwei oder auch mehreren Ausweitungsperioden der Wirtschaft aufzuwenden sind, infolge der inzwischen eingetretenen Verbilligung im allgemeinen hinter den früheren Anschaffungskosten zurückbleiben. Denn infolge des inzwischen eingetretenen technischen Fortschritts können nunmehr mit demselben Geld in der Regel leistungsfähigere Anlagen errichtet werden, so daß zur Erneuerung der alten Leistungsfähigkeit nunmehr geringere Investitionen erforderlich sind. Es entsteht auf diese Weise in den durch den technischen Fortschritt begünstigten Betrieben eine Liquiditätsreserve, eine Vermögensfreisetzung (soweit nicht leistungsfähigere und infolgedessen zumeist auch kostspieligere Anlagen an Stelle der alten treten, also eine Ausdehnung der Leistungsfähigkeit vorgenommen wird). Die Ursache dieses Verbilligungsvorganges ist darin zu erblicken, daß die Bemühungen der Wirtschaft ja nicht nur auf eine Leistungsverbesserung (Werterhöhung) oder Kostenverbilligung der Verbrauchswerte, sondern auch der Produktionsmittel- und Investitionswerte abgestellt sind.

Bei bedeutenden Schwankungen des allgemeinen Preisniveaus müssen die Abschreibungen auf die Anschaffungswerte entsprechend korrigiert werden, da sonst eine Vermögensauflösung (durch zu niedrige Abschreibungen) oder eine zusätzliche Unternehmergewinnbildung (bei zu hohen Abschreibungen) erfolgen würde.

Unternehmerbetriebsgewinne und Realisationsgewinne.

Bei den Unternehmergewinnen sind in das volkswirtschaftliche Nettoeinkommen nur die Betriebsgewinne (aber einschl. neu gebildeter ev. auch stiller Reserven) einzurechnen, nicht aber die sogenannten Realisationsgewinne, die dadurch entstehen, daß irgendwelche Aktiven über ihrem Buchwert veräußert werden können. Diese Gewinne sind meist nur rechnerischer Natur, weil tatsächlich die durch die Realisation aufgelösten stillen Reserven bereits zum Vermögen des betreffenden Betriebes zählten. Soweit diese stillen Reserven früher aus Unternehmergewinnen gebildet wurden, handelt es sich bei den Realisationsgewinnen um den verspäteten Ausweis früherer Unternehmergewinne.

Bei den Betriebsverlusten sind entsprechend der Behandlung der Realisationsgewinne die Realisationsverluste auszuscheiden. Diese beziehen sich auf die Abwertung der Anlagen und Vorräte, umfassen aber auch Ausfälle auf Außenstände. Diese Delcredereverluste stellen eine Überwälzung von Vermögens- und Betriebsverlusten der Schuldnerbetriebe auf die Gläubigerbetriebe dar. Soweit es sich dabei um Betriebsverluste handelt, werden sie beim Schuldnerbetrieb in der Gesamterfolgsrechnung der Volkswirtschaft bereits mit erfaßt.

Die Gesamtbankenbilanz.

Das Schaltwerk des Kaufkraftstroms.

Die Organisation der produktiven Kräfte zum ständig fließenden Strom wirtschaftlicher Leistungen wird in seinem Umfange durch den Kaufkraftstrom gesteuert. Die Kaufkraft stellt also lediglich das Schaltwerk der Wirtschaft dar, das den Gang der wirtschaftlichen Leistungen reguliert. Im übrigen gehorcht dieses Schaltwerk aber menschlichen Impulsen, deren Motive vielfach in den tieferen Schichten des politischen, sozialen und kulturellen Lebens einer Nation verwurzelt sind. Dieses Schaltwerk der Kaufkraft bildet in der modernen Wirtschaft eine Einheit.

Wenn der Umfang des Leistungsstromes durch Veränderungen des menschlichen Arbeitsaufwandes nach Dauer, Intensität und Produktivität der Arbeit oder durch die wechselnde Ergiebigkeit der natürlichen Hilfsquelle der Wirtschaft oder durch außerwirtschaftliche Störungen des Produktionsapparates eine Einbuße oder eine Zunahme erfährt, ohne daß eine entsprechende Veränderung im Kaufkraftumlauf erfolgt, so kann dies nur geschehen auf dem Wege über eine Veränderung der bisherigen Preisverhältnisse. Dieser Weg bringt starke Störungen des Wirtschaftsumlaufs mit sich (inflatorische oder deflatorische), die später im Endeffekt zu gegenteiligen Einwirkungen auf den Leistungsstrom führen, wie an anderer Stelle darzulegen sein wird. Die Steuerung des Leistungsstromes vom Kaufkraftumlauf aus ist deshalb im allgemeinen ausschlaggebend.

Nach der Art ihrer Übertragung zerfällt die Kaufkraft in:

Bare Zahlungsmittel und Bankguthaben.

1. bare Zahlungsmittel, nämlich Schuldurkunden der Zentralnotenbank oder anderer Zettelbanken, sowie Schuldurkunden staatlicher Hoheitsträger, die durch körperliche Übergabe übertragen werden. Diese Schuldurkunden können äußerlich die Form von Noten oder Münzen an-

nehmen. Ungemünztes Gold ist indessen als eine Ware zu betrachten, die Kaufkraftfunktion erfüllt.

2. Bankguthaben der Einleger einschließlich der Spareinlagen, über die sofort oder erst bei Fälligkeit vermittels Scheck oder Überweisungsauftrag verfügt werden kann (Überweisungsguthaben). Es handelt sich also dabei um täglich kündbare Geschäftsguthaben, befristete Depositeneinlagen usw. Die Barauszahlung dieser Überweisungsguthaben stellt eine Umwandlung in bare Zahlungsmittel dar.

Die Gesamtbankenbilanz und ihre Entwicklung.

Um sich einen Überblick über die gesamte vorhandene Kaufkraft zu verschaffen, kann man sämtliche Bankenbilanzen, in denen diese Zahlungsmittel ausgewiesen werden, in der Art einer Konzernbilanz, d. h. unter Aufrechnung der gegenseitigen Schulden und Verbindlichkeiten zu einer Gesamtbankenbilanz vereinigen. Die Guthaben der Banken bei der Zentralnotenbank und anderen zentralen Bankverrechnungsstellen erscheinen in dieser Gesamtbankenbilanz also nicht, da es sich dabei um gegeneinander aufrechenbare Forderungen und Verpflichtungen der Einzelbilanzen handelt. Dasselbe gilt für die Kassenbestände der Banken. (Man kann jedoch auch eine Gesamtbilanz der Banken so aufstellen, daß diese Posten nicht gegeneinander aufgerechnet, sondern gesondert als durchlaufende Posten kenntlich gemacht werden.) Soweit dagegen Nichtbanken bei einer Zentralnotenbank Giroguthaben unterhalten, erfüllt die Zentralnotenbank die üblichen Bankfunktionen.

Die Gesamtbankenbilanz der Volkswirtschaft umfaßt also sämtliche Bilanzen der Banken und Sparkassen einschließlich der der Zentralnotenbank und ihrer Tochterinstitute. In dieser Gesamtbankenbilanz finden sich auf der Aktivseite neben eigenen Anlagen Ansprüche auf Kaufkraft: Kredite oder auf Kaufkraft lautende Vermögensrechte, die beide volkswirtschaftlich den Gegenwert der damit finanzierten Anlagen, Vorräte und Konsumforderungen darstellen. Vermögensrechte (Wertpapiere) können in diesem Zusammenhang als eine besondere Form der Kreditgewährung betrachtet werden. Auf der Passivseite befinden sich neben dem Eigenkapital die nach Kompensation der Kassenbestände und Verrechnungsguthaben verbleibenden Bankeinlagen und die in den Verkehr gebrachten Banknoten. Soweit von staatlichen Hoheitsträgern Münzen und Noten ausgegeben werden, sind diese Hoheitsträger als Bankinstitute zu betrachten und ebenfalls in die Gesamtbankenbilanz mit einzubeziehen. Die Ausgabe staatlicher Zahlungsmittel kommt einer Kreditaufnahme durch die staatlichen Stellen gleich. Diesen Zahlungsmitteln entsprechen daher auf der Aktivseite der Gesamtbankenbilanz Kredite an die öffentliche Hand. Im übrigen gibt es in der modernen Wirtschaft keine Kaufkraft, die nicht durch Kreditgeld ersetzt werden könnte.

Die Umwandlung von Überweisungsguthaben in Barzahlungsmittel und umgekehrt.

Die Umwandlung von Überweisungsguthaben in Barzahlungsmittel und umgekehrt bedarf der Mitwirkung der Zentralnotenbank oder anderer Zettelbanken. Sie vollzieht sich in der Weise, daß Aktiven (z. B. Wechsel) der Einzelbankbilanzen auf die Zentralnotenbank übertragen werden gegen Ausgabe von Banknoten oder Errichtung von Giroguthaben. Diese Banknoten oder Guthaben auf Girokonten ersetzen in den Einzelbilanzen zunächst die auf die Zentralnotenbank übertragenen Aktiven. Da die Barzahlungsmittel aber den Einlegern der Einzelbankbilanzen zur Verfügung gestellt werden, so findet eine Aufrechnung gegen deren Einlagen statt. An deren Stelle figurieren nunmehr in der Gesamtbankenbilanz die von der Zentralnotenbank ausgegebenen Zahlungsmittel. Umgekehrt bedeutet eine Umwandlung von Barzahlungsmitteln in Bankguthaben eine Rückübertragung von Aktiven der Zentralnotenbank in die Bilanzen der Einzelbanken. Die Zentralnotenbank kann durch Kontingentierung der Barzahlungsmittel den Gesamtbetrag der bar auszuzahlenden Lohn- und Gehaltssummen, sowie anderweitiger Barzahlungen beschränken und damit u. a. auch über die Einwirkung auf die im Sektor der Verbrauchsverteilung in Umlauf befindliche Kaufkraftmenge einen Druck auf die Löhne, die Herstellungspreise sowie auf die Verkaufserlöse der Konsumwerte und somit auf das allgemeine Preisniveau ausüben. Eine ungehemmte Gold- und Deviseneinfuhr kann indessen eine derartige Kontingentierung in ihrer Wirkung wieder aufheben, falls die Zentralnotenbank nicht geeignete Gegenmaßnahmen zu treffen vermag. Auch die Übertragung von Überweisungsguthaben auf andere Banken erfordert insoweit einen Spitzenausgleich durch die Zentralnotenbank, also eine Ausweitung oder Verringerung der dort unterhaltenen Guthaben der Banken auf Girokonten, als dieser Spitzenausgleich des Zahlungsverkehrs nicht durch kurzfristige Kaufkraftüberlassung, nämlich durch Tagesgeld, bewerkstelligt werden kann. Das Volumen der zur Regulierung des Zahlungsverkehrs zwischen den Banken erforderlichen Geldmengen umfaßt außer den Guthaben bei der Reichsbank auch die Giroguthaben bei anderen zentralen Verrechnungsstellen, die in der volkswirtschaftlichen Gesamtbankenbilanz jedoch als aufrechenbare Posten ebenfalls nicht in Erscheinung treten. Ein besonderer Bedarf an Giroguthaben entsteht, wenn die Börsenumsätze eine starke Ausdehnung annehmen.

Die Kreditgewährung der Produktionswirtschaft und des Handels.

Im Leistungsstrom ist, abgesehen von den oben besprochenen Ausnahmen des Naturaltausches und der landwirtschaftlichen Selbstversorgung keine Leistungsübertragung ohne eine entsprechende Kaufkraftbewegung denkbar. Die Gesamtbankenbilanz ist das Schaltbrett sämtlicher Kaufkraftbewegungen.

Dabei ist jedoch zu beachten, daß die Produktions- und Verteilungsbetriebe in gewissem Umfange in der Lage sind, Warenkredite aus eigener Kraft zu gewähren, wenn auch die endgültige Abdeckung derartiger Kredite die Inanspruchnahme bankmäßiger Kaufkraft erfordert. Im Umfange weitergegebener, aber nicht wieder ergänzter Vorräte, sowie bei der laufenden Produktion im Umfange kalkulierter Unternehmergewinne, verdienter, aber noch nicht zu Erneuerungszwecken verausgabter Anlagenabschreibungen, aufgewandter, aber auch nicht ausbezahlter Löhne, Zinsen und Steuern, ist nämlich die Produktionswirtschaft selbst in der Lage, Warenkredite in Form von Buch- und Wechselkrediten einzuräumen. Hierdurch wird eine Bewegung im Leistungsstrom möglich, ohne daß in der Gesamtbankenbilanz eine entsprechende Kaufkraftbewegung zunächst notwendig wird. Die Liquidation dieser Forderungen bedarf jedoch der Bewegung von Kaufkraft. Die Einräumung dieser Buch- und Wechselkredite bewirkt (abgesehen von der Erhöhung des Umfangs der noch nicht ausbezahlten Löhne) keine Mobilisation neuer produktiver Kräfte, sondern nur die Verlagerung der Ergebnisse bereits vorgeleisteter Arbeit auf die nächstfolgende Produktionsstufe, sowie die Stundung von Konsumforderungen. Sobald jedoch Löhne ausbezahlt werden müssen, erfolgt der Rückgriff auf die Banken durch Diskontierung der Wechsel, Beleihung der Buchforderungen oder Inbewegungsetzung vorhandener Bankguthaben. Durch die Weitergabe von Wechseln kann zwar die bankmäßige Kaufkraftübertragung abgekürzt werden auf den einzigen Übertrag vom Wechselschuldner auf den Inhaber des Wechsels, die Größenordnung des Kaufkraftstromes wird dadurch aber nicht berührt, wohl aber bei den den Wechselkredit in Anspruch nehmenden Stellen Kaufkraft für anderweitige Zwecke freigemacht.

Die Passivseite der Gesamtbankenbilanz; das volkswirtschaftliche Eigentum.

Auf der Passivseite dieser Gesamtbankenbilanz finden sich nicht, wie es so häufig ausgedrückt wird, Kaufkraftverpflichtungen, sondern die gesamten in der Wirtschaft vorhandenen Kaufkraftmengen selbst vor, in Gestalt von Barzahlungsmitteln und Bankguthaben. Es gibt daneben keine andere Kaufkraft, es sei denn, daß Vermögenswerte (Wertpapiere, Waren und insbesondere ungemünztes Gold) und Dienste im Naturaltausch selbst Kaufkraftfunktionen erfüllen, wobei ein derartiger Naturaltausch, wie bereits erwähnt, in zwei Kaufgeschäfte mit gegenseitiger Kaufkraftaufrechnung zerlegt werden kann. Die Gläubiger der Banken, nämlich die Inhaber der Bankguthaben, Noten und der in Umlauf befindlichen Münzen sind mittelbar die volkswirtschaflichen Eigentümer der damit durch die Banken finanzierten Aktiven. In der Gesamtbankenbilanz bedeutet daher jeder Kaufkraftanteil, ganz gleichgültig, ob es sich dabei um körperlich übertragbare Zahlungsmittel oder um Bankguthaben handelt, einen Anspruch auf die damit finanzierten Vermögenswerte. Die Inhaber der im Umlauf befindlichen Kaufkraft sind somit während der Besitzdauer der Kaufkraft kurzfristig die volkswirtschaftlichen Eigentümer der damit finanzierten Vermögenswerte. Dieses volkswirtschaftliche Eigentum wird durch die Banken vermittelt. Erwerben die Gläubiger der Banken diese Aktiven direkt, so scheiden die Guthaben dieser Gläubiger und die von ihnen abgelösten Debitoren bzw. ausgelösten Wertpapiere aus der Gesamtbankenbilanz aus. Die Gesamtbankenbilanz wird dadurch in ihrem Umfange entsprechend gekürzt.

Unmittelbare volkswirtschaftliche Eigentumsbeziehungen.

Die ausscheidenden Bankgläubiger werden die unmittelbaren volkswirtschaftlichen Eigentümer, wobei dieses unmittelbare volkswirtschaftliche Eigentum entweder durch direktes juristisches Eigentum oder durch die Vermittlungen von Wertpapieren (Vermögensrechten) ausgeübt werden kann. Denn außerhalb des Schaltbretts der Kaufkraftbewegungen stehen alle diejenigen Vermögensrechte, die wie Aktien, Obligationen, Pfandbriefe, Rentenbriefe, Genußscheine, Hypotheken, Grundschulden, Anteilscheine, Kuxe und dergleichen unmittelbare wirtschaftliche Eigentumsbeziehungen zwischen den damit finanzierten Anlagen und Vorräten und den Besitzern dieser Wertpapiere vermitteln. Die

Ablösung von Bankdebitoren stellt einen Konsolidierungsakt dar, insofern sie die Banken sowohl von den Risiken dieser Finanzierungen, als auch von dem Liquiditätsrisiko des entsprechenden Kreditorenbestandes befreit, das auch volkswirtschaftlich insofern besteht, als der plötzliche Einsatz der bisher stilliegenden Guthaben eine inflatorische Preissteigerung im Wirtschaftskreislauf hervorrufen kann. Durch die Übertragung der Bankaktiven auf die Gläubiger der Banken werden den jeweiligen besonderen Verhältnissen entsprechende volkswirtschaftliche Eigentumsbeziehungen geschaffen und die mit der kurzfristigen Bankfinanzierung verbundenen Störungsgefahren beseitigt. Soweit die Gesamtbankenbilanz durch die Hergabe von Krediten eine Erweiterung ihres Umfanges erfahren hat, stellt die spätere Konsolidierung dieser kurzfristigen Kredite den letzten Akt der durch diese Kredithergabe verursachten Kaufkraftbewegung dar.

Die Wiederveräußerung von Wertpapieren.

Die Wiederveräußerung von Wertpapieren stellt unter gewissen Voraussetzungen die Umkehrung des Konsolidierungsaktes dar. Sie kann — abgesehen vom Austausch der Wertpapiere — zum Zwecke des Verbrauchs, der Vornahme neuer Investitionen oder der Realisierung von Kursgewinnen zwecks späterer Wiederanlage auf ermäßigtem Kursniveau erfolgen. (Im letzteren Falle wird ein Teil der durch die Wirtschaftsausweitung automatisch anfallenden Vermögensbildung durch den Gewinn an den verkauften Wertpapieren in die Hände der bisherigen Eigentümer der Wertpapiere überführt.) Erfolgen die Verkäufe an Inhaber langfristiger Guthaben, so findet in der Gesamtbankenbilanz nur ein Austausch der Kreditoren statt, mit dem Unterschied, daß in den beiden ersten Fällen die übertragenen Guthaben für Investitions- oder Konsumzwecke erneut im Wirtschaftskreislauf eingesetzt werden. Erfolgen die Verkäufe an Inhaber bisher in Bewegung befindlicher Guthaben, so ist dies ein Zeichen dafür, daß diese ohnedies zu einer Umwandlung ihrer Guthaben in langfristige Einlagen geschritten wären. Erfolgt der Kauf gegen Kredit, so kommt die Wertpapierübertragung, wenn der Verkaufserlös zu Konsum- oder Investitionszwecken verwandt wird, der Neueinräumung eines sonst üblichen Kredites gleich; bleiben die daraus erworbenen Guthaben als langfristige Guthaben dagegen stehen, so stellt diese Kreditgewährung (oder ein Ankauf für eigene Rechnung durch die Banken) die Umkehrung des Konsolidierungsaktes dar: er belastet sie mit den Risiken der Wertpapiere — wenn auch im Fall der Beleihung in abgeschwächter Weise — und mit den Liquiditätsrisiken der neugebildeten Guthaben.

Stilliegende und in Umlauf befindliche Kaufkraft.

Von der auf dem Schaltbrett der Kaufkraftbewegung ausgewiesenen Kaufkraft befindet sich nur ein Teil als tatsächlich wirksame Kaufkraft im Kreislauf der Wirtschaft in Bewegung. Wir haben daher zwischen stilliegender (latenter) und im Umlauf befindlicher (effektiver) Kaufkraft zu unterscheiden. Die Theorie hat diesen Unterschied bisher zumeist nicht in dieser Weise getroffen, sondern die Kaufkraftbewegungen auf die gesamte vorhandene Kaufkraftmenge bezogen und daher auch bei Inbewegungsetzung bisher stilliegender Kaufkraft von einer erhöhten oder verringerten Umlaufgeschwindigkeit der Kaufkraft gesprochen. In Wirklichkeit befinden sich aber umsatzlose Bank- und Spareinlagen ebensowenig im Umlauf wie gehortete Banknoten. Volkswirtschaftlich könnte man daher auch von gehorteten Bankguthaben sprechen. Nur die Übertragungen der Kaufkraft selbst, denen jeweils entsprechende Übertragungen an Verbrauchs- oder Investitionswerten im Kreislauf der wirtschaftlichen Leistung entsprechen, machen die Kaufkraft als solche im Wirtschaftskreislauf wirksam, nicht allein schon ihr tatsächliches mengenmäßiges Vorhandensein. Daraus folgt wiederum, daß sich der im Wirtschaftskreislauf befindliche Kaufkraftstrom mengenmäßig verändern kann, ohne daß dem eine Vermehrung oder Verminderung der im Schaltbrett der Kaufkraftbewegungen ausgewiesenen gesamten Kaufkraftmenge entsprechen müßte. Umgekehrt können sich ohne Veränderung des Umfanges des den Wirtschaftskreislauf steuernden Kaufkraftstromes auch Bilanzveränderungen der ausgewiesenen Kaufkraftmenge ergeben, wenn diese durch Übertragungen von Vermögensrechten verursacht werden.

Vorübergehende Stillegungen; Einkommensübertragungen.

Würden die in einer Wirtschaftsperiode übertragenen Kaufkraftmengen im Schaltbrett der Kaufkraftbewegungen durch ein Aufleuchten der bewegten Kaufkraftmengen angezeigt, so würde die wechselnde Breite der aufleuchtenden Kaufkraftmengen den unterschiedlichen Umfang des Kaufkraftumlaufes aufweisen. Die in Umlauf befindlichen Kaufkraftmengen, wie z. B. die Lohngelder, stellen auch keinen gleichmäßig fließenden Kaufkraftstrom dar, sondern diese Kaufkraft ist zwischen zwei Zahlungsterminen, dem Zeitpunkt ihres Empfanges und dem Zeitpunkt ihrer Wiederverausgabung, vorübergehend ebenfalls stillgelegt. Doch lassen sich diese in Gestalt von Banknoten und Guthaben auf Geschäftskonten und Einkommenskonten der Privaten in Umlauf befindlichen Kaufkraftbeträge im Prinzip deutlich unterscheiden von denjenigen Kaufkraftmengen, die auf umsatzlosen Konten dauernd stillgelegt sind oder auf solche Konten übertragen werden. Auch abgesehen von dem obenerwähnten Fall der Übertragung von Vermögenswerten, der außerhalb des Wirtschaftskreislaufes eine Kaufkraftbewegung auslöst, decken sich die Kaufkraftbewegungen (Zahl der Umsätze) nicht vollständig mit den entsprechenden Bewegungen des Leistungsstromes, da Einkommensübertragungen, insbesondere von Steuern, Renten und Zinsen, wiederholte Kaufkraftübertragungen bedingen, ehe dieser Teil des Kaufkraftstromes sich mit dem Leistungsstrom bei einem Warenumsatz (einschließlich Dienstleistung) wieder begegnet. Auch ist der Kaufkraftumlauf auf die Bruttoproduktion und nicht auf die Nettoproduktion der Volkswirtschaft abgestellt. Die im Umlauf befindliche Kaufkraftmenge ist daher größer, als wenn sie nur zum Umsatz der Endprodukte erforderlich wäre.

Das Verhältnis zwischen umlaufender Geldmenge und der Aktivseite der Gesamtbankenbilanz.

Die umlaufende Geldmenge steht in keiner naturgegebenen Relation zu der Art der damit finanzierten Aktiven der Gesamtbankenbilanz. Die Kaufkraftfunktion der Bankeinlagen und Noten würden auch dann noch erfüllt werden, wenn die damit finanzierten Aktiven nicht Umlaufsvermögen, sondern lediglich unbewegliches Anlagenvermögen darstellen würden. Da die Inbewegungsetzung der vorhandenen Kaufkraftmengen jedoch willkürlichen Schwankungen unterliegen kann, ist es erforderlich, daß die Aktiven der Gesamtbankenbilanz zum Teil in kurzfristigen Forderungen bestehen, um durch deren Kündigung und das dadurch verstärkte Warenangebot einer inflatorischen Auswirkung plötzlicher Kaufkraftbewegungen entgegenwirken zu können.

Die Umlaufsmenge.

Die bei gegebener Umsatzgröße im Wirtschaftskreislauf notwendige Umlaufsmenge an Kaufkraft wird durch die in einer bestimmten Wirtschaftsperiode erfolgten Umsätze nicht eindeutig bestimmt, sondern ist auch abhängig von den Zahlungsgewohnheiten der betreffenden Volkswirtschaft. Würden alle

Umsätze und Leistungen täglich reguliert werden, so würde die erforderliche Kaufkraftmenge der Tagessumme der getätigten Bruttoumsätze und der Einkommensübertragungen entsprechen. Nun werden aber die Leistungen einer Wirtschaftsperiode nicht arbeitstäglich, sondern in längeren Zeitabständen reguliert. Das erfordert an den Zahltagen eine entsprechend größere Kaufkraftmenge. Dabei sind die zeitlichen Abstände zwischen dem Zahlungsempfang und der Wiederverausgabung der vereinnahmten Beträge, aslo die Zahlungsintervalle, in den einzelnen Wirtschaftssektoren der Volkswirtschaft sehr unterschiedlich. Infolgedessen ist innerhalb einer bestimmten Wirtschaftsperiode die Verwendungsfähigkeit der einzelnen Kaufkraftmenge ebenfalls eine sehr verschiedene. Die innerhalb einer bestimmten Wirtschaftsperiode erforderliche Umlaufsmenge an Kaufkraft läßt sich daher nicht als eine eindeutige Funktion der übrigen Daten des Wirtschaftskreislaufes darstellen. Dagegen sind Veränderungen der traditionellen Verwendungshäufigkeit der umlaufenden Kaufkraft in ihrer Wirkung auf den Wirtschaftskreislauf genau erfaßbar, worauf bei der Darstellung der Veränderungen des Kaufkraftumlaufs näher einzugehen sein wird.

Das Kaufkraftangebot.

Durch das Bilanzvolumen wird die gesamte in der Wirtschaft vorhandene einsatzfähige Kaufkraftmenge mengenmäßig begrenzt. Dieses Bilanzvolumen selbst ist solange ohne inflatorische Wirkungen erweiterungsfähig, als die im Wege der Kreditgewährung zusätzlich zum Einsatz gebrachte Kaufkraft ohne wesentliche inflatorische Wirkung noch produktive Kräfte in den Leistungsaustausch einzugliedern oder einer wirtschaftlicheren Verwendung zuzuführen vermag. Ein mangelhaftes Angebot an Kaufkraft in dem Sinne, daß etwa zu wenig Kaufkraft vorhanden wäre, weil nicht genügend gespart werden würde, kann nicht entstehen, denn die zur Refinanzierung des Kaufkrafteinsatzes erforderliche Kaufkraft steht in der Gesamtbankenbilanz zwangsläufig bereit, soweit nicht der Kaufkrafteinsatz als ganzer im Hinblick auf die Überschreitung der materiellen Grenzen der Wirtschaft durch die Politik der Zentralnotenbank beschränkt werden muß. Das einzelne Bankinstitut ist zwar bei seiner Kreditgewährung im Hinblick auf die Entwicklung seiner Passiven Beschränkungen unterworfen; soweit jedoch die Kreditexpansion nur bonitätsmäßig einwandfreie Kredite umfaßt, kann das übermäßig expandierende Institut in normalen Zeiten immer auf Refinanzierung bzw. bereitwillige Übernahme seiner Aktiven durch andere Institute rechnen. Unter diesen Umständen erscheint es zunächst wenig verständlich, daß für die Überlassung von Kaufkraft ein Preis, der Zins, bezahlt wird. Es wäre sogar denkbar, daß die Besitzer der stillgelegten Kaufkraft für deren bankseitige Verwaltung noch einen besonderen Verwaltungskostenbeitrag an die Banken zu entrichten hätten, da sie dadurch besondere Verwaltungskosten und Risiken (Diebstahl usw.) vermeiden, so daß auf diese Weise also ein negativer (Haben-)Zinsfuß zustandekommen würde. Die Überlassung von Kaufkraft könnte unter diesen Umständen sogar kostenlos oder zu einem Satze erfolgen, der lediglich die Kosten der Krediteinräumung und -verwaltung deckte, da der Kaufkrafteinsatz bei Erreichung der Vollbeschäftigung ohnehin nicht mehr durch die Höhe des Zinssatzes geregelt wird, sondern kontingentiert werden muß.

Die Bereitwilligkeit der Kreditnehmer zur Zinszahlung.

Wenn indessen für die Überlassung von Kaufkraft über die Kosten der Krediteinräumung und -verwaltung hinaus ein Preis, nämlich der Zins, bezahlt wird, so liegt dies an zwei besonderen Umständen der Kaufkraftüberlassung, nämlich einmal an der Bereitwilligkeit der Kreditnehmer zur Bezahlung eines Agios bzw. einer laufenden Zinsleistung, und zum andern daran, daß die Kaufkraftüberlassung kein Geschäft ist, das sich von selbst versteht, sondern ganz besonderer Voraussetzungen, nämlich einer besonderen Vertrauensgrundlage (Risiko der Rückzahlung) bedarf.

Denn ob nun der Kaufkrafteinsatz zu Verbrauchszwecken oder ob er zu produktiven Zwecken erfolgt, immer sind die Kreditnehmer bereit, für die Überlassung der Kaufkraft über die Rückerstattung des entliehenen Betrages hinaus eine besondere Prämie zu entrichten. Wird diese wie beim Konsumkredit aus laufenden Einkommen oder aus der Vermögenssubstanz bezahlt, so bedeutet dies, daß die Kreditnehmer die Möglichkeit der augenblicklichen Kaufkraftverfügung höher veranschlagen als die später fällig werdenden Zinsverpflichtungen. Bei den Produktionskrediten wird aber die Bereitwilligkeit zur Übernahme einer Zinsverpflichtung solange bestehen, als die Kreditnehmer durch den produktiven Kaufkrafteinsatz über ihre damit bestrittenen Aufwendungen hinaus noch einen Erlösüberschuß erzielen, der groß genug ist, auch nach Deckung der Zinsverpflichtungen noch einen Nettounternehmergewinn zu belassen. In der modernen Wirtschaft beruht daher die Zinsleistung zu einem großen Teil auf der Ausweitung des wirtschaftlichen Wertvolumens durch die Tätigkeit des Unternehmers, obwohl die Zinszahlung aus Unternehmerbruttogewinnen bei weitem nicht den größten Posten des Zinsaufkommens ausmacht.

Der Anteil der verschiedenen Einkommensquellen am gesamten Zinsaufkommen der Wirtschaft.

Der Anteil der einzelnen Einkommensgattungen, aus denen Zinsen bezahlt werden, am gesamten Zinsaufkommen der Wirtschaft ist nämlich sehr verschieden. Der weitaus größte Teil des Zinsaufkommens in Deutschland entfällt auf Zinsen, die für die Schulden der öffentlichen Hand aus deren Steuereinkünften (einschließlich Zöllen und Abgaben) bestritten werden. Ein weiterer nicht unbeträchtlicher Teil entfällt auf Pfandbrief- und Hypothekenzinsen. Diese werden nur zu einem kleinen Prozentsatz aus städtischer oder landwirtschaftlicher Grundrente entrichtet, sondern in der Hauptsache entstammen sie aus dem die Grundrente übersteigenden Anteil der Mieteinnahmen. Denn in der Miete, die als Gegenwert für die Mietleistung ganz überwiegend aus laufenden Arbeitseinkommen aufgebracht wird, ist als wesentlicher Teil der Mietkosten der Zins enthalten.

Gegenüber den Zinsen aus öffentlichen Anleihen, Pfandbriefen und Hypotheken stellen die aus Monopol- und Quasimonopolrenten, sowie aus Unternehmerbruttogewinnen herrührenden Zinsen einen sehr viel kleineren Anteil am gesamten Zinseinkommen dar.

Die Vertrauensgrundlage jeglicher Kreditgewährung.

Die Überlassung von Kaufkraft ist kein selbstverständlicher Leistungsaustausch des Wirtschaftskreislaufs; infolgedessen bedarf es eines besonderen Anreizes zum Abschluß eines Kreditvertrages. Der Preis für die Kaufkraft ist jedoch nicht vergleichbar mit dem Preis einer Ware oder Dienstleistung. Denn die Überlassung von Kaufkraft schafft ein Dauerverhältnis zwischen Gläubiger und Schuldner. Im Gegensatz zur Pacht, bei der der Pachtgegenstand nicht untergeht und der Verpächter an der Nutzung des Pachtgegenstandes beteiligt bleibt, ist der Rückgabewert des Kredites auf Geld (Kaufkraft) abgestellt. Die Sicherheit der Kreditheimzahlung beruht daher auf der Zahlungswilligkeit und Zahlungsfähigkeit der Kreditnehmer. Die Begründung eines Dauerverhältnisses zwischen Gläubiger und Schuldner setzt daher Vertrauen in dessen subjektive und objektive Zahlungsbereitschaft voraus. Infolgedessen ist die Höhe des von den Kreditnehmern gebotenen Preises für die Bereitwilligkeit der Kredithergabe mitunter von geringerer Bedeutung als Veränderungen der bestehenden Vertrauensverhältnisse. Der Gläubiger begibt sich bei der Kaufkraftüberlassung des Vorteils jederzeitiger Verfügbarkeit über seine Kaufkraftreserve und geht dabei gleichzeitig das Risiko eventueller Vermögensverluste ein. Ein großer Teil der Besitzer stillgelegter Kaufkraft wird daher überhaupt nicht oder nur dann zu einer Kaufkraftüberlassung bereit sein, wenn ihm hierfür ein wirtschaftlicher Gegenwert, nämlich der Zins, bezahlt wird. So kann ein Preis für die Kaufkraftüberlassung auch bei geringer Nachfrage schon zustande kommen, wenn infolge der Zurückhaltung der Kaufkraftbesitzer eine geringe Verknappung der überlassungsfähigen Kaufkraft eintritt.

Die Irrelevanz des Genußverzichts und des Wartenmüssens.

Die Vertrauensfrage auf Seiten der Kreditgeber einerseits und die Bereitwilligkeit zur Zinsleistung des Kreditnehmers anderseits begründen somit den Preis für die Kaufkraftüberlassung. Dagegen spielt der Verzicht auf deren sofortige verbrauchsweise Verwendung, also der Verzicht auf den Gegenwartsgenuß und das Wartenmüssen, dabei eine geringe Rolle, zumal diejenigen Geldgeber, die grundsätzlich bereit sind, ihre stillgelegte Kaufkraft anderen zu überlassen, dies überwiegend aus dem Bedürfnis nach dem Erwerb eines Renteneinkommens oder einer Reservebildung für Notfälle und für das Alter tun, und dazu nicht erst durch einen besonderen Verzicht auf augenblickliche Verbrauchsmöglichkeiten bewogen werden müssen.

3. Veränderungen des Wirtschaftskreislaufs.

Der doppelte Wirtschaftskreislauf des Kaufkraft- und des Leistungsstromes.

Die Einheit des doppelten Wirtschaftskreislaufs.

Um die Voraussetzungen und mannigfachen Auswirkungen eines einzelnen wirtschaftlichen Vorgangs auf die übrigen Teile der Wirtschaft richtig beurteilen zu können, muß man die Wirtschaft, in die dieser Vorgang gleichsam hineingestellt wird, als eine in sich geschlossene Einheit betrachten. Diese Einheit ist durch den in entgegengesetzter Richtung sich bewegenden doppelten Kreislauf des Leistungs- und des Kaufkraftstromes gegeben, durch den die Vielzahl der einzelnen spezialisierten Teile der Tauschwirtschaft zu einer Einheit verbunden werden. Jede wirtschaftliche Handlung wird nämlich erst dann für die übrigen Teile der Wirtschaft wirksam, wenn sie entweder auf den Strom der wirtschaftlichen Leistungen oder auf den Kaufkraftstrom einwirkt. Diese beiden Ströme finden aber wertmäßig ihre vollständige Entsprechung; denn es gibt in der modernen Wirtschaft — abgesehen von dem in den modernen Industriestaaten verhältnismäßig kleinen Sektor der landwirtschaftlichen Selbstversorgung — keine Fortbewegung im Leistungsstrom ohne eine entsprechende Bewegung von Kaufkraft, und wo Leistung gegen Leistung direkt getauscht wird, können wir ein solches Tauschgeschäft im Prinzip immer in zwei miteinander verbundene Kaufgeschäfte zerlegen, bei denen die gegenseitigen Kaufkraftübertragungen gegeneinander aufgerechnet werden. Dies kann auch auf die obenerwähnten Naturalentnahmen der Landwirtschaft in analoger Weise angewandt werden. Auch wurde gezeigt, daß die beschränkten Möglichkeiten der Warenkreditierung durch Industrie und Handel die schließliche Abdeckung der Kredite durch entsprechende Kaufkraftübertragungen voraussetzen.

Jeder den hergebrachten volkswirtschaftlichen Leistungsaustausch beeinflussende Vorgang läßt sich als eine Veränderung des vorbezeichneten Wirtschaftskreislaufes erklären.

Die Unterbrechung des Wirtschaftskreislaufs.

An dieser Stelle sei vorweg darauf aufmerksam gemacht, daß es sich beim Kreislauf des wirtschaftlichen Leistungsaustausches nicht um eine in sich geschlossene und fest aneinander gereihte Kette von einzelnen Kaufkraft- und Leistungsübertragungen handelt, die fortlaufend in gleicher Weise wiederholt werden. Eine derartige Anschauung, welche Unterbrechungen bzw. Einschnürungen dieses Kreislaufs lediglich als Kreislaufstörungen bagatellisiert — wie es im großen und ganzen in den Gedankengängen der liberalen Wirtschaftstheorie geschehen ist — anstatt diese Kreislaufunterbrechungen als normale Kreislauferscheinungen zu betrachten, verbaut von vornherein den Zugang zu einer klaren Sicht auf die Bewegungsvorgänge der modernen Wirtschaft.

Denn beim Wirtschaftskreislauf handelt es sich um ein Bild, das die Zusammenhänge der wirtschaftlichen Vorgänge nur in großen Zügen erfaßt gleichwie das Bild vom Kreislauf des Wassers, welches durch den Regenniederschlag über Quellen und Flüsse dem Meere zuströmt, von wo es durch die Kraft der Sonne erneut hochgehoben und zur Bildung von regenspendenden Wolken veranlaßt wird. Dieser Kreislauf des Wassers erklärt zwar den Gesamtvorgang; wenn man dagegen die Wasserführung der Flüsse von Jahr zu Jahr erklären will, dann hilft die Erklärung des Wasserkreislaufs nicht weiter, sondern es gilt alsdann zu ergründen, warum die Niederschläge und Quellen von Jahr zu Jahr sich verändern. Ebenso handelt es sich beim Strom der Kaufkraftbewegungen, die ihrerseits den Umsatz der Leistungen bewirken, darum, die Gründe aufzudecken, warum dieser Strom von Jahr zu Jahr sich in seiner Breite und Länge verändert. Denn es kann kein Zweifel darüber bestehen, daß der Kaufkraftstrom nicht unveränderlich weiterfließt, sondern einerseits durch die Bildung von Ersparnissen usw. Kaufkraft dem Strome mehr oder weniger früh dauernd entzogen und sozusagen ins Meer der stilliegenden Kaufkraft überführt wird, anderseits aber fortgesetzt dem Kaufkraftstrom neue Kaufkraft zugeführt wird, teils durch Wiederinbewegungsetzung der stilliegenden Kaufkraft, teils durch Schaffung ganz neuer Kaufkraft. Diese fortgesetzten, aber in stark wechselndem Maße auftretenden Unterbrechungen bzw. Versickerungen und die erneute Speisung des Kaufkraft- und damit des Leistungsstromes müssen als hauptsächliche Einsatzstellen für die Analyse des wechselnden Umfanges des Leistungsstromes und damit der Beschäftigungsschwankungen gewählt werden. So gesehen, wird es ohne weiteres verständlich, daß die Vollbeschäftigung der Wirtschaft keinen selbstverständlichen Zustand, nicht einmal eine selbstverständliche Tendenz des Leistungsaustausches darstellt, sondern an ganz bestimmte Voraussetzungen geknüpft sein muß. Im Gegensatz zu der hier vertretenen Auffassung stand die liberale Wirtschaftstheorie unter der Annahme, daß das freie Spiel der Kräfte von selbst zur Erreichung des Zustandes der Vollbeschäftigung hinziele.

Die Kaufkraftstillegung.

Die Spartätigkeit als Beispiel der Kaufkraftstillegung.

Die umlaufende Kaufkraftmenge kann sowohl durch den Einsatz weiterer Kaufkraft vermehrt, als auch durch Stillegung bisher umlaufender Kaufkraft verringert werden.

So wird empfangene Kaufkraft, die gespart wird, nicht weiter verausgabt, sondern als Bargeld gehortet oder auf Bankkonto stehengelassen, also stillgelegt. Die bisher mit der nunmehr stillgelegten Kaufkraft im Wirtschaftskreislauf bewältigten Umsätze unterbleiben in Zukunft.[1]) Die Nichtwiederverausgabung der stillgelegten Kaufkraft führt bei denjenigen Geschäftszweigen, deren Produkte bis dahin aus der gesparten Kaufkraft gekauft wurden, zu einer Umsatzschrumpfung. Dies hat eine Verringerung der aus diesen Umsätzen herrührenden Einkommen zur Folge; dadurch entsteht eine weitere Umsatzschrumpfung usf. Dabei soll auf die Einzelheiten des allmählichen Durchwirkens der Kaufkraftstillegung im Wirtschaftskreislauf an dieser Stelle noch nicht näher eingegangen werden.

Die Auswirkung im Wirtschaftskreislauf.

Im Wirtschaftskreislauf bewirkt die Stillegung der gesparten Kaufkraftmenge eine wertmäßige Verringerung des Leistungsstromes. Soweit der Kaufkraftstillegung, die durch die Ersparnisbildung bewirkt wird, im Wirtschaftskreislauf keine Gegenwirkung in Gestalt zusätzlich eingesetzter Kaufkraft bzw. Aufhebung bisher üblicher Kaufkraftstillegungen entgegentritt, steht die Wirtschaft unter einem fortgesetzten Deflationsdruck. Ob der wertmäßigen Verringerung des Leistungsstromes dabei auch ein mengenmäßiger Rückgang der Leistungen entspricht,

[1]) Während bei der Beurteilung der volkswirtschaftlichen Wirkung des Sparens im allgemeinen stillschweigend unterstellt wird, daß die Ersparnisse auch wieder verausgabt werden, und zwar speziell zu Investitionszwecken, hat man in einer besonderen Art des Sparens, nämlich beim Horten bis dahin im Umlauf befindlicher Geldmengen, schon immer die depressive Wirkung des Sparaktes als solchem erkannt.

bleibt zunächst unentschieden; in der Regel ist beides miteinander verbunden.

Die Auswirkung in der Gesamtbankenbilanz.

In der Gesamtbankenbilanz zeigt sich die Kaufkraftstilllegung darin, daß bisher im Umlauf befindliche Noten oder in Bewegung befindliche Überweisungsguthaben stillgelegt bzw. auf bewegungslose Konten übertragen werden. Die Gesamtbankenbilanz braucht durch die Kaufkraftstillegung in ihrer Gesamtsumme nicht berührt zu werden. Die Inhaber der stillgelegten Kaufkraft werden volkswirtschaftlich die mittelbaren Dauereigentümer der damit finanzierten Aktiven. Nur wenn die neugebildeten Sparguthaben zur Rückzahlung von Krediten verwandt werden, sei es durch die Schuldner selbst, sei es durch Dritte auf dem Wege der Begebung von Vermögensrechten (Wertpapieren), so findet im Ausmaß der Kreditrückzahlungen eine Aufrechnung der Kredite gegen die stillgelegte Kaufkraftmenge und damit eine Bilanzschrumpfung statt. Diese Bilanzverringerung ist aber nicht eine Folge der Spartätigkeit als solcher, sondern der Vermögensübertragung, die durch die Ablösung der Bankkredite stattgefunden hat. Das bisher durch die Banken vermittelte (mittelbare) volkswirtschaftliche Eigentum an den von den Banken finanzierten Aktiven geht mit der Begebung von Vermögensrechten in das unmittelbare volkswirtschaftliche Eigentum der ausgeschiedenen Bankgläubiger über. Daß Sparer und Kreditschuldner dabei dieselbe Person sein können, vereinfacht lediglich den Aufrechnungsvorgang. Werden bei der Kaufkraftstillegung empfangene Banknoten nicht gehortet, sondern zur Einzahlung auf befristete Depositenkonten verwandt, so tritt in der Gesamtbankenbilanz eine Umlagerung von den Barzahlungsmitteln zu den (befristeten) Guthaben ein.

Die Trennung von Spartätigkeit und Investitionstätigkeit.

Die Kaufkraftstillegung löst als solche keine zwangsläufige Gegenwirkung im Kreislauf der Kaufkraftbewegungen aus weder auf Seiten der Banken, noch auf Seiten der Sparer. Insbesondere bewirkt die Bildung von Ersparnissen nicht automatisch den Einsatz der stillgelegten Kaufkraft zu Investitionszwecken oder zusätzlichem Konsum Dritter. Ein derartiger Zusammenhang zwischen Ersparnisbildung und Neuinvestitionen besteht nur insoweit, als Sparer und Investor identisch sind. Das ist jedoch in der modernen Wirtschaft nicht die Regel. Aber auch dann handelt es sich streng genommen grundsätzlich um zwei verschiedene Wirtschaftsakte, nämlich einmal um eine Kaufkraftstillegung aus Ersparnisbildung und zum anderen um einen Kaufkrafteinsatz zu Investitionszwecken. Dieser Kaufkrafteinsatz könnte ebensogut durch Wiederinbewegungsetzung anderer, bereits vorhandener Sparguthaben erfolgen. Daß statt dessen aus laufendem Einkommen neugebildete Sparguthaben sofort wieder zu Investitionszwecken in Bewegung gesetzt werden, ist zufälliger Natur und für den volkswirtschaftlichen Ablauf der Investitionstätigkeit ohne Bedeutung. In der Ersparnisbildung ist daher grundsätzlich eine Kaufkraftstillegung zu erblicken und dieser besondere Wirtschaftsvorgang nicht — wie es bisher so häufig geschehen ist — mit der Wiederinbewegungsetzung der stillgelegten Kaufkraft zu Investitionszwecken als einheitlicher Wirtschaftsakt anzusehen.

Sonstige Kaufkraftstillegungen.

Kaufkraftstillegungen erfolgen nun nicht nur durch Ersparnisbildung aus laufendem Einkommen einschließlich desjenigen aus dem Steueraufkommen der öffentlichen Hand, sondern auch in den Betrieben selbst durch die Bildung von Unternehmergewinnen sowie durch die Nichterneuerung liquidierter Vorräte und abgenutzter Anlagen (Vermögensfreisetzungen) sowie dadurch, daß der Gegenwert eines Einfuhrüberschusses den ausländischen Lieferanten gutgeschrieben wird, die ihn gerade durch die Unterlassung weiterer Verfügungen stillegen. Bei der Bildung von Unternehmergewinnen wird ein Teil der empfangenen Produktionserlöse nicht mehr in Gestalt von Herstellungskosten weiter verausgabt, sondern einbehalten, also stillgelegt. Bei der Nichterneuerung von liquidierten Vorräten und der Nichtwiederverausgabung verrechneter Anlagenabschreibungen werden die entsprechenden Anteile vom Erlös der laufenden Produktion ebenfalls nicht weiter verausgabt, sondern die daraus herrührenden Bankguthaben stehengelassen. Die Auswirkungen aller dieser Kaufkraftstillegungen auf die Gesamtbankenbilanz und auf den Leistungsaustausch des Wirtschaftskreislaufes sind grundsätzlich die gleichen wie bei der Kaufkraftstillegung, die auf die Bildung von Ersparnissen zurückgeht.

Der Kaufkrafteinsatz.

Die verschiedenen Möglichkeiten des Kaufkrafteinsatzes.

Der umgekehrte Vorgang zur Kaufkraftstillegung ist der Kaufkrafteinsatz. Der Einsatz der Kaufkraft kann in verschiedener Weise vor sich gehen: entweder dadurch, daß bisher stillgelegte Kaufkraft der Gesamtbankenbilanz durch Kontoübertrag oder Enthortung von Barzahlungsmitteln wieder in Bewegung gesetzt wird, oder durch Einsatz neugeschaffener Kaufkraft im Wege der Kreditinanspruchnahme.

Die Ausweitung des Kaufkraftumlaufs ist also nicht an eine Vermehrung der vorhandenen Kaufkraftmenge (durch Kreditschöpfung) gebunden. Insofern ist denjenigen Kritikern der Kreditschöpfungstheorie, die der Kaufkraftschöpfung für die Ausweitung des Wirtschaftskreislaufes nicht die überragende Bedeutung zuerkannten wie die Verfechter der genannten Theorie, sondern auf die Einsatzmöglichkeiten der bereits vorhandenen Kaufkraftmengen hinwiesen, zuzustimmen. Auf der anderen Seite bedeutet aber jede Kreditinanspruchnahme bereits die Schöpfung neuer Kaufkraft und nicht etwa die Auszahlung bereits vorhandener Kaufkraft. Denn die in der Gesamtbankenbilanz ausgewiesene Kaufkraft hat schon bisher der Finanzierung von Bankaktiven gedient und kann daher kein zweites Mal zur Kreditauszahlung verwandt werden. Denn, wie die Untersuchung der Gesamtbankenbilanz ergeben hat, handelt es sich bei den Kassenbeständen der Banken um durchlaufende Posten, die gegen die entsprechenden Passiven der Reichsbank (ausgegebene Noten) aufgerechnet werden können. Eine Kreditauszahlung kann nur durch Kontoübertragung erfolgen; dem neuen Kredit muß dann in der Gesamtbankenbilanz — allein schon aus formalen Bilanzierungsgründen — auch ein neuer Kreditor gegenüberstehen. Bei einer Kreditauszahlung in Noten steht in der gleichen Weise dem Darlehnsnehmer als Kreditor der wechselnde Inhaber der Noten

(Gläubiger der Reichsbank) gegenüber. Es besteht kein grundsätzlicher Unterschied zwischen der allgemein anerkannten Kaufkraftschöpfung der Noten- und Zettelbanken durch Ausgabe von Noten und Gutschriften auf Girokonto und der Kaufkraftschöpfung der Kreditbanken durch die Schaffung neuer Überweisungsguthaben. Wo die Kreditauszahlung durch Verringerung der Barbestände oder Rückgriff auf die Zentralnotenbank (durch Diskontierung, Lombardierung oder direkten Ankauf von Gold und Effekten) erfolgt, tritt eine Übertragung von Aktiven auf die Zentralnotenbank ein, und es erscheinen in der Gesamtbankenbilanz an Stelle der sonst neu aufgetretenen Überweisungsguthaben nunmehr die neu in Umlauf gebrachten Noten oder Giroguthaben bei der Zentralnotenbank. Dies wird um so einleuchtender, wenn man sich von dem hergebrachten Bilde des Kaufkraftrückflusses zu den Banken einmal losmacht und sich vergegenwärtigt, daß Rückfluß und Wiederausleihungen von Kaufkraft streng genommen gar nicht vorkommen können, da die gesamte Kaufkraft ohne Unterbrechung bei den Banken ist und in der Gesamtbankenbilanz lückenlos zum Ausweis gelangt. Daß im übrigen entgegen manch anderer Auffassung die technischen Möglichkeiten der Kaufkraftschöpfung unbegrenzt sind, zeigt das Beispiel der Inflation.

Die Auswirkung in der Gesamtbankenbilanz.

Der Einsatz bereits vorhandener Kaufkraft läßt das Bilanzvolumen der Gesamtbankenbilanz unberührt. Dagegen führt der Einsatz neugeschöpfter Kaufkraft in vollem Umfange zu einer Bilanzausweitung, denn dem neuen Debitor steht in der Gesamtbankenbilanz auch ein neuer Kreditor gegenüber.

Die weitere Auswirkung der zum Einsatz gebrachten Kaufkraft auf das Bilanzvolumen der Gesamtbankenbilanz ist keine Folge ihres Einsatzes, sondern ihrer Weiterverwendung durch die Zahlungsempfänger und daher auch unabhängig von der Art des Einsatzes als neugeschaffene oder als bereits vorhandene Kaufkraft. Sind die Empfänger der in Bewegung gesetzten Kaufkraft kreditorisch, so bleibt das Bilanzvolumen der Gesamtbankenbilanz auf dem durch die Kaufkraftschöpfung erreichten Umfange. Sind die Empfänger der in Bewegung gesetzten Kaufkraft dagegen debitorisch, so wird in dem Umfange, als die empfangene Kaufkraft zu Kreditrückzahlungen benutzt wird, nunmehr vorübergehend eine Bilanzschrumpfung eintreten. Zu einer bleibenden Kreditrückzahlung kommt es aber nur, wenn die verschuldeten Kaufkraftempfänger entsprechende Kaufkraftmengen dauernd stillegen.

Wie bereits bei der Besprechung der Gesamtbankenbilanz erwähnt wurde, ist beim Kaufkrafteinsatz bzw. den Kaufkraftbewegungen zu unterscheiden zwischen denjenigen, die sich außerhalb des Wirtschaftskreislaufs vollziehen, und dem Kaufkrafteinsatz im Wirtschaftskreislauf selbst, durch den der Strom der wirtschaftlichen Leistungen gesteuert wird. Außerhalb des Wirtschaftskreislaufes erfolgt derjenige Kaufkrafteinsatz, der der Übertragung bereits bestehenden Vermögens (Vermögensrechte, Immobilien usf.) dient. Es erfolgt in diesem Falle lediglich ein Austausch von Guthaben und Vermögensrechten, der indessen zu einer Bilanzschrumpfung führen kann, wenn der neue Empfänger der Guthaben bisher debitorisch war.

Die Verwendung der eingesetzten Kaufkraft: Vermögensbildung und Vermögensübertragungen.

Der Einsatz von Kaufkraft im Wirtschaftskreislauf selbst kann zu verschiedenen Zwecken erfolgen. Dient der Kaufkrafteinsatz der Durchführung von Neuinvestitionen oder zur Erhöhung von Vorräten, dann entspricht diesem Kaufkrafteinsatz eine tatsächliche Vermögensneubildung. Dient der Kaufkrafteinsatz jedoch der Verbrauchsausweitung — sei es durch Auflösung bereits vorhandenen Vermögens (aus früheren Ersparnissen und Unternehmergewinnen), sei es durch Aufnahme eines Kredites — so steht diesem Kaufkrafteinsatz kein neugeschaffenes Vermögen gegenüber, sondern es findet nur eine Vermögensübertragung statt.

Stellt man sich die Produktion nicht fortlaufend vor, sondern getrennt in eine Kaufkraftstillegung, die bei der Vorratsliquidation erfolgt, und in einen Kaufkrafteinsatz, der zur Erneuerung der Vorräte vorgenommen wird, so stellt der mit Betriebsverlust verbundene Kaufkrafteinsatz einen besonderen Fall von Konsumkredit dar. Denn derjenige Teil der eingesetzten Kaufkraftmenge, der im Produktionserlös nicht wieder erstattet wird, stellt praktisch einen Konsumkredit dar, der der Aufrechterhaltung überhöhter Einkommen dient. Dagegen braucht die sog. „Finanzierung von Verlusten" nicht auf einen derartigen Konsumkredit hinauszulaufen, da diese neuen Kredite, die die bereits verlorenen Betriebsmittel ersetzen müssen, genau genommen der Wiederherstellung der zusammengeschrumpften Vorräte dienen und diese Wiedererhöhung nicht notwendig wieder zu neuen Verlusten führen muß. Über die Ursachen und das Ausmaß der Betriebsverluste wird an anderer Stelle noch näher zu sprechen sein.

In der modernen Volkswirtschaft kommt den Konsumkrediten bzw. der Wiederverausgabung bereits gebildeten Vermögens zu Konsumzwecken infolge des wachsenden Anteils der Gebrauchsinvestitionen (Auto, Kühlschrank, Radio, Staubsauger usw.) an der Gesamtproduktion eine besondere Bedeutung zu.

Die im Wirtschaftskreislauf zum Einsatz gebrachte Kaufkraft führt zu einer mengenmäßigen Ausweitung des Leistungsstromes, solange hierfür auch bis dahin ungenutzte Produktionskräfte zur Verfügung stehen oder der Rückgriff auf die Vorleistungen früherer Wirtschaftsperioden oder auf Leistungen des Auslandes möglich ist. Darüber hinaus muß ein weiterer Kaufkrafteinsatz eine inflatorische Preissteigerung hervorrufen. Im übrigen wird auf das Durchwirken des Kaufkrafteinsatzes im Wirtschaftskreislauf weiter unten noch näher einzugehen sein.

Die Bilanz der Kaufkraftbewegungen.

Ihre Entwicklung.

Auf der einen Seite findet im Wirtschaftskreislauf ein ständiger Kaufkrafteinsatz, auf der anderen Seite finden beständig Kaufkraftstillegungen statt. Um die Gesamtveränderung der umlaufenden Kaufkraft innerhalb einer Wirtschaftsperiode festzustellen, ist es notwendig, die gesamten Kaufkrafteinsätze und Kaufkraftstillegungen festzustellen. Das Mittel dazu ist die Bilanz der Kaufkraftbewegungen.

Die Gegenüberstellung der Kaufkrafteinsätze und der Kaufkraftstillegungen ergibt folgende Bilanz der Kaufkraftbewegungen:

Veränderungen der in Bewegung befindlichen Kaufkraftmengen.

Kaufkrafteinsätze:	I. Kaufkraftstillegungen:
a) Für Investitionszwecke, b) für Vorratserhöhungen, c) zur Erzielung eines Ausfuhrüberschusses.	a) Ersparnisse aus laufenden Einkommen, b) Unternehmerbetriebsgewinne, c) Einfuhrüberschuß (Anteil des Auslandes an Vermögensbildung).
a) bis c) (leistungsmäßige Vermögensbildung insgesamt), d) für Konsumzwecke (Vermögensübertragungen), e) Kreditierung bzw. Finanzierung von Betriebsverlusten.	a) bis c) (Kaufkraftmäßige Vermögensneubildung), d) Nichterneuerung liquidierter Vorräte und abgenutzter Anlagen (Vermögensfreisetzung). II. Vorübergehende (transitorische) Kaufkraftstillegung. a) Vorübergehend stillgelegte, d. h. noch im Umlauf bleibende Einkommensteile, b) vorübergehend stillgelegte, d. h. noch im Umlauf befindliche Erlösteile der Betriebe.
Summe der Kaufkrafteinsätze =	Summe der Kaufkraftstillegungen.

Als Kaufkrafteinsatz für Vorratserhöhungen erscheinen in der Bilanz der Kaufkraftbewegungen nur die Kaufkrafteinsätze, die einer dauernden Vorratserhöhung in der betreffenden Wirtschaftsperiode dienten, nicht aber auch die Saisonkredite der Banken, die für eine saisonmäßige Vorratssteigerung und die Fortbewegung dieser Vorräte bereitgestellt werden. Da die Fortbewegung saisonmäßiger Vorräte z. B. von Getreide vom Landwirt über die Reichsgetreidestelle zur Mühle, zum Mehlhandel oder zum Bäcker eine wiederholte Kreditierung derselben Vorratsmenge bedingt, so betragen die jährlich wiederkehrenden Saisonkredite der Banken ein Vielfaches der damit finanzierten volkswirtschaftlichen Leistungen.

Weiterhin kann gegen die Unterscheidung zwischen den Kaufkraftstillegungen aus Unternehmerbetriebsgewinnen und den Ersparnissen aus laufenden Einkommen der Einwand einer gewissen Willkürlichkeit erhoben werden. Man kann geltend machen, daß erst dann von einer endgültigen Kaufkraftstillegung gesprochen werden kann, wenn die Einkünfte aus Unternehmerbetriebsgewinnen gespart sind. Das würde uns aber nicht der Notwendigkeit entheben, die Unternehmergewinnbildung als besondere Art der Kaufkraftstillegung mindestens insoweit in der Bilanz der Kaufkraftbewegungen auszuweisen, als diese Unternehmerbetriebsgewinne nicht ausgeschüttet, sondern in den Betrieben selbst thesauriert werden. Angesichts dieses Umstandes ist es aber zweckmäßiger, die gesamten Unternehmergewinne einheitlich als Kaufkraftstillegung und ihre Wiederverausgabung als Kaufkrafteinsatz zu behandeln, zumal auch die nur vorübergehende Stillegung als Unternehmerbetriebsgewinne an ganz bestimmte Voraussetzungen gebunden ist, die mit denjenigen der Ersparnisbildung nicht identisch sind.

Die vorübergehend stillgelegte Kaufkraft.

In dieser Bilanz der Kaufkraftveränderungen erscheint die am Ende einer Wirtschaftsperiode noch im Umlauf befindliche Kaufkraft formal als „vorübergehend (transitorische) stillgelegte Kaufkraft“. Diese vorübergehend stillgelegte Kaufkraft stellt den Erlös der zum Bilanzstichtag aus saisonmäßigen Gründen liquidierten Vorräte und Anlagen dar, die in der nächstfolgenden Wirtschaftsperiode jedoch sofort wieder ergänzt werden, sowie diejenigen Einkommensteile, die erst in der nächstfolgenden Wirtschaftsperiode zur Verausgabung gelangen und inzwischen in Form von Banknoten und Guthaben auf Einkommensüberweisungskonten zum Bilanzstichtag vorübergehend stillgelegt sind, ferner diejenigen bereits vereinnahmten Erlösteile, die zur Deckung noch nicht bezahlter laufender Aufwendungen (z. B. Reparaturen und Steuern) dienen.

Die Wiederverausgabung vorübergehend stillgelegter Kaufkraft.

Die Wiederverausgabung der vorübergehend stillgelegten, d. h. der im Umlauf verbleibenden Kaufkraft in der nächstfolgenden Wirtschaftsperiode erscheint in der Bilanz der Kaufkraftbewegungen nicht als besondere Kategorie des Kaufkrafteinsatzes, sondern jeweils als Teil desjenigen Kaufkrafteinsatzes, der während der gesamten Wirtschaftsperiode zum gleichen Zwecke erfolgte. So erscheint die Verausgabung von Erlösen liquidierter Vorräte und Anlagen als Kaufkrafteinsatz zu Investitionszwecken und zur Vorratserhöhung und die Weiterverausgabung vorübergehend stillgelegter Erlös- und Einkommensteile in der neuen Wirtschaftsperiode als Kaufkrafteinsatz zu Konsumzwecken.

Veränderungen des Kaufkraftumlaufs.

Übersteigen innerhalb einer Wirtschaftsperiode die Kaufkrafteinsätze die in dieser Wirtschaftsperiode erfolgten Kaufkraftstillegungen, so muß am Ende der Wirtschaftsperiode der Kaufkraftumlauf um die noch nicht stillgelegte, zusätzlich im Umlauf befindliche Kaufkraftmenge sich erhöht haben.

Sind dagegen die Kaufkraftstillegungen größer als die Kaufkrafteinsätze einer Wirtschaftsperiode, so muß die in Umlauf befindliche Kaufkraftmenge eine entsprechende Verringerung erfahren.

Ist während einer Wirtschaftsperiode per Saldo keine Veränderung des Kaufkraftumlaufs eingetreten, dann entspricht der Einsatz der aus der Vorperiode übernommenen Umlaufmenge dem Umfang der am Ende der Wirtschaftsperiode vorübergehend stillgelegten Kaufkraft. Es handelt sich alsdann bei der im Umlauf verbleibenden Kaufkraft um einen durchlaufenden und daher aufrechenbaren Posten in der Bilanz der Kaufkraftbewegungen.

Ist während einer Wirtschaftsperiode eine Zunahme des Kaufkraftumlaufs eingetreten, so übersteigen die vorübergehenden Kaufkraftstillegungen am Ende der betreffenden Wirtschaftsperiode den Umfang der zu Beginn der Periode im Umlauf befindlichen Kaufkraft. Rechnet man die letztere gegen den Gesamtbetrag der vorübergehenden Stillegungen am Ende der Wirtschaftsperiode auf, so bleibt in diesem Falle ein positiver „Saldo“ vorübergehender Kaufkraftstillegungen, der die Vermehrung des Kaufkraftumlaufes am Ende der betreffenden Wirtschaftsperiode bezeichnet.

Ist dagegen eine Verringerung des Kaufkraftumlaufs eingetreten, so wird der Saldo des anfänglichen Kaufkraftumlaufes und der vorübergehenden Kaufkraftstillegungen am Ende der betreffenden Wirtschaftsperiode negativ. Um diesen negativen Saldo, um den sich der Kaufkraftumlauf in der betreffenden Wirtschaftsperiode verringert hat, in der Bilanz der Kaufkraftbewegungen besonders kenntlich zu machen, wäre es notwendig, diejenigen Kaufkrafteinsätze, die zu Beginn der Wirtschaftsperiode durch die Weiterverausgabung der umlaufenden (d. h. vorübergehend stillgelegten) Kaufkraft erfolgt sind, von den übrigen Kaufkrafteinsätzen der betreffenden Wirtschaftsperiode zu trennen. Dann würde es sich ergeben, daß die erstgenannten Kaufkrafteinsätze im vorliegenden Falle die vorübergehenden Stillegungen am Ende der Periode übersteigen.

Die transitorischen Abgrenzungsposten der Bilanz der Kaufkraftbewegungen.

Man kann diese Kaufkrafteinsätze aus der von der Vorperiode übernommenen umlaufenden Kaufkraft und die vorübergehenden Kaufkraftstillegungen am Ende dieser Wirtschaftsperiode als die transitorischen Abgrenzungsposten der Bilanz der Kaufkraftbewegungen einer Wirtschaftsperiode bezeichnen.

Diese transitorischen Rechnungsabgrenzungsposten der Bilanz der Kaufkraftbewegungen bzw. deren Saldo sind deswegen von so außerordentlicher Bedeutung, einmal weil letzterer das Ausmaß bezeichnet, in dem die Veränderungen des Kaufkrafteinsatzes und der Kaufkraftstillegungen der eben abgeschlossenen Wirtschaftsperiode sich während der nächstfolgenden Wirtschaftsperiode in der Richtung einer zusätzlichen Umsatzschrumpfung oder Ausweitung des Wirtschaftskreislaufes weiter durchwirken. Zum andern zeigt eine Steigerung der im Umlauf verbleibenden Kaufkraftmenge, daß in diesem Umfange die endgültigen Kaufkraftstillegungen, die zu konsolidierungsfähigen Bankeinlagen führen, erst in der nächstfolgenden Wirtschaftsperiode zu erwarten sind. Da die Entstehung konsolidierungsfähiger Einlagen noch nicht identisch ist mit der Konsolidierungsbereitschaft der Einleger und der tatsächlichen Durchführung der Konsolidierungsaktion, so ergibt sich hieraus noch eine weitere Zeitspanne (time lag) zwischen dem Kaufkrafteinsatz und seiner Dauerfinanzierung.

Im übrigen entspricht die Bilanz der Kaufkraftbewegungen der Vermögensveränderungsbilanz, wie sie auf Seite 25 besprochen worden ist. Die Bilanz der Kaufkraftbewegungen erfaßt daher nicht alle Auswirkungen der Veränderungen des Kaufkraftumlaufes, denn die Vermögensveränderungsbilanz stellt nur einen Teilausschnitt aus der Gesamterfolgsrechnung der Volkswirtschaft dar. Die gesamte Auswirkung einer Veränderung der umlaufenden Kaufkraftmenge auf das Umsatzvolumen der Volkswirtschaft bleibt als offene Frage noch unbeantwortet.

Jede produktive Tätigkeit, auch diejenige der Verbrauchsproduktion kann als Kaufkrafteinsatz angesehen werden, durch den Vermögen gebildet wird. Der Verkauf konsumreifer Erzeugnisse stellt daher genau genommen eine Kaufkraftstillegung bei den Produzenten dieser Erzeugnisse und der Verzehr eine Vermögensauflösung dar. Wenn diese Kaufkraftstillegungen bisher nicht besonders erwähnt wurden, so liegt das daran, daß sie nur vorübergehender Natur sind, denn die Produzenten pflegen die verkauften Produkte durch den Wiedereinsatz der stillgelegten Kaufkraft wieder zu ergänzen. Wir sprechen daher von Kaufkrafteinsatz nur, wenn dieser per Saldo zu einer Erhöhung der Vorräte geführt hat, und von Kaufkraftstillegung, wenn durch den Verzehr konsumreifer Produkte, Rohstoffe und sonstiger Bestände per Saldo eine Vermögensfreisetzung, d.h. Vorratsverringerung eingetreten ist. Man muß sich aber vergegenwärtigen, daß in Höhe der Zunahme an verdienten, aber noch nicht ausbezahlten Einkommen (transitorische Passiven) und der ausbezahlten, aber noch nicht konsumierten Einkommen — vorübergehende Ersparnisbildung — gegenüber der vorhergehenden Wirtschaftsperiode jeweils ein Vermögenszuwachs, insbesondere an konsumreifen Vorräten entsteht.

Die volkswirtschaftlichen Voraussetzungen der Unternehmergewinnbildung.

Die Auswirkung der Unternehmergewinnbildung im Wirtschaftskreislauf.

Aus der Bilanz der Veränderungen der umlaufenden Kaufkraft ergibt sich folgende Konsequenz hinsichtlich des möglichen Umfanges der Unternehmerbetriebsgewinne, die vielfach nicht beachtet wird, weil der Unternehmergewinn in der Regel nur mit den getätigten Umsätzen in Zusammenhang gebracht wird, ohne dabei zu berücksichtigen, daß es sich dabei um eine effektive Vermögensbildung im Betriebe handelt, die an ganz bestimmte volkswirtschaftliche Voraussetzungen geknüpft ist:

Wenn die Kaufkraftstillegung aus der Unternehmergewinnbildung keinen deflatorischen Depressionsdruck ausüben und keine Schrumpfung des Wirtschaftskreislaufes bewirken soll, die in der nächsten Produktionsperiode bei unveränderten Kosten die Entstehung des Unternehmergewinnes eliminieren müßte, so muß eine der wiederholten Unternehmergewinnbildung entsprechende Kaufkraftmenge im Kaufkraftkreislauf verbleiben, was voraussetzt, daß ein dieser Kaufkraftstillegung entsprechende Wiederholung des bisherigen Kaufkrafteinsatzes erfolgt.

Die Voraussetzung dafür, daß die aus Kosteneinsparungen, Werterhöhungen, Produktionsausdehnungen und bloßen Preissteigerungen neu erwarteten Gewinne ohne eine gleich große Verlustbildung in anderen Abschnitten der Wirtschaft und vor allem nicht nur einmalig, sondern auch bei wiederholtem Umschlag verwirklicht werden können, beruht also darauf, daß in jeder Wirtschaftsperiode an irgendeiner anderen Stelle der Wirtschaft eine Kaufkraftmenge von gleichem Umfange in den Kaufkraftstrom einströmt. Der wiederholte Kaufkrafteinsatz setzt also, sofern keine Konsumverschuldung demselben zugrunde liegt, die fortgesetzte Errichtung neuer Investitionen voraus. Fortdauernde Neuinvestitionen haben aber ihrerseits eine quantitative oder qualitative Produktionssteigerung, somit eine Umsatzausweitung, also sogar eine Zunahme des Kaufkrafteinsatzes oder eine Abnahme der Kaufkraftstillegungen zur Vorbedingung. Bei Neuinvestitionen, die der Kosteneinsparung dienen, ist zwar keine Umsatzsteigerung notwendig; es erfolgt alsdann aber eine Freisetzung der eingesparten Arbeitskräfte und möglicherweise auch von Anlagen und Rohstoffquellen. Soweit die Wiedereingliederung der durch die Einsparungen freigesetzten Arbeitskräfte in den Produktionsprozeß bewerkstelligt werden soll, wird ebenfalls eine Umsatzsteigerung erforderlich, d. h. ein größerer Kaufkrafteinsatz oder eine Verringerung der Kaufkraftstillegungen.

Neuinvestitionen der primäre Akt der Wirtschaftsausweitung.

Die Durchsetzung neuer Produktionsverfahren, die Erweiterung der bestehenden Anlagen sowie die Verbesserung der Erlöspreise ist somit an die Voraussetzung eines gleichzeitigen erhöhten Kaufkrafteinsatzes oder an eine Verringerung der Kaufkraftstillegungen gebunden. Dieser Kaufkrafteinsatz kann auf der Auflösung von Ersparnissen, der Inanspruchnahme von Konsumkrediten, der Erhöhung der Vorratshaltung und der Erneuerung bestehender Anlagen beruhen oder durch den Verzicht auf die bisher übliche Ersparnisbildung ersetzt werden. Abgesehen von der Möglichkeit einer staatlichen Konsumkonjunktur spielen alle diese Kaufkrafteinsätze hinsichtlich ihrer Größenordnung jedoch nur eine untergeordnete Rolle, so daß die Neuinvestitionen als der primäre Akt der wirtschaftlichen Ausweitung angesprochen werden müssen. Diese Neuinvestitionen umfassen neben der Errichtung von produktiven Anlagen auch die Herstellung von Gebrauchsgütern; sie haben infolge der damit verbundenen allgemeinen Umsatzbelebung im allgemeinen auch eine Erhöhung der Vorratshaltung zur Folge.

Funktioneller Zusammenhang zwischen Unternehmergewinnbildung und realer Vermögensbildung.

Zwischen der Bildung von Unternehmergewinnen aus der Einsparung an Kostenwerten, aus der Wertsteigerung und der Verbesserung der Wirtschaftlichkeit durch erhöhte Kapazitätsausnutzung sowie aus bloßen Preiserhöhungen einerseits und der Erstellung neuer Vermögenswerte andererseits besteht somit ein fester funktioneller Zusammenhang insofern, als eine

Bildung von Unternehmergewinnen am Umsatz auch auf Grund der Kostendegression auf längere Zeit nicht möglich ist, ohne gleichzeitige andauernde Zunahme der Anlagen und Vorräte, der Entstehung von Konsumkrediten oder des Verzichts auf die bisherige Ersparnisbildung in der Wirtschaft. Dies hat seinen Grund darin, daß die Bildung von Unternehmergewinnen (nach Aufrechnung etwa dagegenstehender Betriebsverluste) eine Vermögensbildung darstellt, und zwar zum Unterschied von der Ersparnisbildung aus Arbeits-, Zinsen-, Renten- und Steuereinkommen eine Vermögensbildung im Betriebe selbst. Dabei ist zu berücksichtigen, daß die Wiederverausgabung von Unternehmergewinnen zu Verbrauchs- oder Investitionszwecken einen neuen Wirtschaftsakt bedeutet.

Die Gewinnbildung ein Zugang an Aktiven im Betriebe.

In der Volkswirtschaft ist also eine per Saldo eintretende Zunahme der Unternehmergewinne — ohne Schmälerung der Ersparnisbildung — und damit praktisch jede Unternehmergewinnbildung überhaupt, an die Voraussetzung zusätzlichen Kaufkrafteinsatzes geknüpft. Der Unternehmergewinn ist demnach der Ausdruck dafür, daß in der Wirtschaft irgendwo ein Zugang von Aktiven, d. h. von Anlagen, Vorräten oder Konsumkrediten stattgefunden hat. Das ist, wenn man sich die Dinge vom Standpunkt des Betriebes aus einmal überlegt, auch ohne weiteres einleuchtend; denn dem in der Bilanz ausgewiesenen Gewinn muß auf der Aktivseite ja auch ein entsprechender Zugang an Aktiven gegenüberstehen, um den Gewinn auf der Passivseite überhaupt bilanzierbar zu machen. Dieser Vorgang wird nicht immer genügend beachtet, da vielfach diesem Gewinn keine Erhöhung an Anlagen und Vorräten im eigenen Betrieb gegenübersteht, sondern ein Zugang an Forderungen oder eine Kreditrückzahlung. Den Forderungen muß aber irgendwo in der Wirtschaft, um sie überhaupt aktivieren zu können, ein endgültiges Aktivum gegenüberstehen, sei es in Form neuer Anlagen und Vorräte, sei es in Form eines als einbringlich betrachteten Konsumkredites. Eine Kreditrückzahlung bedeutet aber nur, daß Aktiven, die früher mit fremden Mitteln finanziert worden sind, nunmehr mit eigenen Mitteln finanziert werden, und die fremden Mittel zur Finanzierung des an anderer Stelle der Wirtschaft eingetretenen Aktivzuganges freigegeben werden können bzw. per Saldo so verwandt worden sind.

Wirtschaftliche Wertsteigerung und Unternehmerbetriebsgewinne.

An und für sich steht die aus aktiver Bemühung der Unternehmer oder aus dem darüber hinausgehenden Kaufkrafteinsatz der Investitoren und Verbraucher herrührende Wertsteigerung des wirtschaftlichen Produktionsvolumens zur freien Verfügung der Unternehmer. Zum Teil wird der Mehrerlös der Betriebe aber, auch dazu verwandt, höhere Löhne und Gehälter sowie höhere Preise (also auch letzten Endes wieder höhere Löhne, Zinsen, Renten und Steuern) an die Vorstufen der Produktion zu bezahlen oder die Verkaufspreise zu senken. Der zusätzliche Unternehmerbruttogewinn ist daher nicht identisch mit dem vollen Betrag der erzielten Wertsteigerung, sondern nur mit demjenigen Teil, der in den Unternehmungen selbst zur Vermögensbildung führt.

Das Ausmaß der Unternehmergewinnbildung: Die bestimmenden Faktoren.

Das Ausmaß der volkswirtschaftlich an und für sich möglichen Unternehmergewinnbildung hängt von der insgesamt möglichen Vermögensbildung einer Wirtschaftsperiode ab, die bestimmt wird durch

a) den Umfang des Kaufkrafteinsatzes zu Investitionszwecken einschließlich Ausfuhrüberschuß,

b) den Umfang des Kaufkrafteinsatzes zu Konsumzwecken (Vermögensübertragungen),

c) den Umfang der Kaufkraftstillegung aus Vermögensfreisetzungen.

Wie sich die hieraus ergebende mögliche Vermögensbildung auf die einzelnen Arten der Vermögensbildung, nämlich auf die Ersparnisbildung, die Vermögensbildung in Händen des Auslandes (Einfuhrüberschuß) und auf die Unternehmergewinnbildung verteilt, hängt in erster Linie von der Quote der Unternehmergewinnbildung ab, durch die auch das für einen eventuellen Einfuhrüberschuß maßgebende Einkommens- und Preisniveau beeinflußt wird.

Die Stillegungsquote und die sekundären Veränderungen des Verbrauchsvolumens.

Der zusätzliche Kaufkrafteinsatz.

Übersteigen zu irgendeinem Zeitpunkt die Kaufkrafteinsätze diejenigen der Vorperiode, so ergibt sich per Saldo ein zusätzlicher Kaufkrafteinsatz, den wir im Unterschied zum gesamten Kaufkrafteinsatz K einer Wirtschaftsperiode mit K_z bezeichnen wollen. Bleiben die Kaufkrafteinsätze hinter denen der Vorperiode zurück, so stellt dieser Rückgang der Kaufkrafteinsätze ($-K_z$) im Hinblick auf das bisherige Verhältnis von Kaufkrafteinsatz und Kaufkraftstillegungen ebenfalls eine Kaufkraftveränderung dar. Die Wirkungen der Veränderungen des Kaufkrafteinsatzes können durch Veränderungen der Kaufkraftstillegungen zum Teil aufgehoben werden. Um die unbeeinträchtigte Auswirkung eines zusätzlichen Kaufkrafteinsatzes zu ermitteln, muß daher im folgenden zunächst unterstellt werden, daß die aus dem Kaufkrafteinsatz des bisherigen Umfanges in Umlauf kommende Kaufkraftmenge in unveränderter Weise stillgelegt wird.

Die primären Auswirkungen des zusätzlichen Kaufkrafteinsatzes.

Die unmittelbare Wirkung eines zusätzlichen Kaufkrafteinsatzes ist eine primäre Zunahme der Investitionen oder des Verbrauchs, je nachdem der Kaufkrafteinsatz entweder der Erstellung neuer Anlagen, Vorräte und der Erzielung eines Exportüberschusses oder einer nur auf Vermögensübertragungen beruhenden Verbrauchsausweitung dient. In entsprechender Weise bringt die Verringerung des Kaufkrafteinsatzes eine entsprechende primäre Umsatzschrumpfung mit sich.

Die sekundären Auswirkungen des zusätzlichen Kaufkrafteinsatzes.

Die Zunahme der primären Produktionsausdehnung (Investitionen oder Verbrauch), die durch den zusätzlichen Kaufkrafteinsatz hervorgerufen wird, bringt eine Erhöhung der Einkommen mit sich. Diese zusätzlichen Einkommen werden von ihren Empfängern weiter verausgabt. Damit wird eine zusätzliche Nachfrage nach Verbrauchswerten hervorgerufen. Deren Befriedigung ruft eine weitere Produktionsausdehnung hervor, aus der weitere, wenn auch um die dabei erfolgenden neuen Kaufkraftstillegungen verringerte, zusätzliche Einkommen fließen. Daraus entsteht ein weiterer nunmehr kleinerer zusätzlicher Verbrauch mit weiterer Produktionssteigerung usw. Es tritt somit eine sekundäre Ausweitung des Kaufkraft- und des Leistungsstromes im Sektor der Verbrauchsproduktion ein. Umgekehrt zieht eine primäre Umsatzschrumpfung als Folge eines verringerten Kaufkrafteinsatzes über den Weg weiterer Einkommensverkürzungen sekundäre Schrumpfungen des Verbrauchsvolumens nach sich.

Diese sekundären Auswirkungen der Veränderungen des Kaufkraftumlaufes im Sektor der Verbrauchsproduktion sind streng zu unterscheiden von der sogenannten sekundären Investitionswelle, die im Verlauf einer Wirtschaftsausweitung auf Grund erhöhter Unternehmergewinne einzutreten pflegt. Denn grundsätzlich bedeutet die Bildung eines Unternehmergewinnes eine Kaufkraftstillegung, mit der die automatische Durchwirkung des vorangegangenen Kaufkrafteinsatzes endgültig abgeschlossen ist. Der Einsatz der stillgelegten Kaufkraft für Investitionszwecke stellt dagegen einen völlig neuen Wirtschaftsakt dar. Wird die eingesetzte Kaufkraft stillgelegt und in der nachfolgenden Wirtschaftsperiode diese stillgelegte Kaufkraft zu Investitions- und Konsumzwecken erneut wieder in Umlauf gebracht, so sieht es zwar so aus, als ob die in der ersten Wirtschaftsperiode auf Grund eines zusätzlichen Kaufkrafteinsatzes erzielte Umsatzausweitung nunmehr unverändert fortgesetzt wird. In Wirklichkeit stellen jedoch die Wiederverausgabung der stillgelegten Kaufkraftmenge (und die darauf beruhenden Umsätze) der zweiten Wirtschaftsperiode einen von der Umsatzausweitung der ersten Wirtschaftsperiode in seinem Ablauf völlig unabhängigen Wirtschaftsvorgang dar.

Die Stillegungsursachen.

Bei jedem zusätzlichen Leistungsaustauschakt im Sektor der Verbrauchsproduktion und -versorgung wird ein Teil der empfangenen Kaufkraft anschließend nicht mehr weiterverausgabt, also stillgelegt.

Die bei jedem Umschlag erfolgenden Kaufkraftstillegungen umfassen folgende Möglichkeiten:

1. Die Vornahme von Abschreibungen als Verrechnung des Gegenwertes der Anlagenabnutzung bzw. der Anlagenleistungen bei der Mehrproduktion ohne gleichzeitige Erhöhung der Ersatzinvestitionen.

2. Die Einbehaltung des Erlöses liquidierter, aber nicht wieder erneuerter Vorräte.

3. Die Gutschrift des Gegenwertes eines Einfuhrüberschusses auf den Konten der ausländischen Lieferanten, wenn der Mehreinfuhr keine Mehrausfuhr gegenübersteht. (Der zusätzliche Kaufkrafteinsatz bewirkt keine Tendenz zur Ausfuhrsteigerung; infolgedessen besteht bei nicht autarken Volkswirtschaften die Tendenz zu einer Einfuhrsteigerung und damit einer entsprechenden Verschlechterung der Außenhandelsbilanz.)

4. Die Bildung von Unternehmergewinnen aus der Mehrproduktion.

5. Die Bildung von Ersparnissen aus den zusätzlichen Einkommen, insbesondere auch von Ersparnissen aus dem Steueraufkommen der öffentlichen Hand, die in der Regel zur Schuldentilgung verwandt werden.

Die Stillegungsquote.

Diese Kaufkraftstillegungen entstehen bei jedem Umsatzakt. Wenn man die Stillegungen zum Nettoumsatz an Endprodukten in Beziehung setzen will, so muß man die bei den vorgelagerten Produktionsstufen des Endprodukts erfolgenden Stillegungen jeweils der Stillegung bei der Produktionsendstufe hinzuzählen.

Das Verhältnis des bei jedem Umschlage auf allen Produktionsstufen stillgelegten Betrages zur Höhe des Nettoumsatzes, von dem er einbehalten wird und der dem jeweiligen noch im Umlauf befindlichen Teil der zusätzlichen Kaufkraft entspricht, bezeichnen wir als die Stillegungsquote. Durch ihre Höhe wird das Ausmaß der sekundären Verbrauchsausweitung bestimmt, die sich an die primäre Produktionsausweitung anschließt, welche ihrerseits die Wirkung des zusätzlichen Kaufkrafteinsatzes ist. Denn diese zusätzliche Kaufkraft läuft solange um, bis sie vollständig stillgelegt ist; sie kann also je nach der Höhe der Stillegungsquote länger oder kürzer im Umlauf bleiben. Ist die Stillegungsquote hoch, so ist der Umlauf der zusätzlich eingesetzten Kaufkraft kurz und somit die sekundäre Verbrauchsausweitung klein. Ist die Stillegungsquote klein, so ist der Umlauf der zusätzlich eingesetzten Kaufkraft lang und somit die sekundäre Verbrauchsausweitung entsprechend groß.

Die Größe der gesamten sekundären Umsatz- und Verbrauchsausweitung.

Um eine Vorstellung von der Größe der gesamten sekundären Umsatz- und Verbrauchausweitung zu gewinnen, müssen wir annehmen, daß alle Stillegungsquoten (die sich bei völliger Durchwirkung des zusätzlichen Kaufkrafteinsatzes zeitlich hintereinander ergeben) unverändert bleiben. Dann kann die Stillegungsquote als einfacher Quotient behandelt werden. Bezeichnet man den die primäre Umsatzausweitung auslösenden zusätzlichen Kaufkrafteinsatz mit K_z und den gesamten zusätzlichen Umsatz einer Wirtschaftsperiode mit U_z, die durchschnittliche Stillegungsquote für den zusätzlichen Kaufkrafteinsatz mit q_z und die Summe aller zusätzlichen Stillegungen mit S_z, so ergeben sich, da die Summe aller zusätzlichen Kaufkraftstillegungen gleich der Summe des zusätzlichen Kaufkrafteinsatzes sein muß, folgende Gleichungen:

$$S_z = q_z \cdot U_z$$

und

$$K_z = S_z,$$

also

$$K_z = U_z \cdot q_z$$

oder

$$U_z = \frac{K_z}{q_z}.$$

Da in den gesamten zusätzlichen Umsätzen U_z auch diejenigen Umsätze enthalten sind, die in Höhe des Kaufkrafteinsatzes K_z die primäre Umsatzausweitung darstellten, so ergibt sich für die zusätzliche (sekundäre) Verbrauchsausweitung V_z folgendes Verhältnis:

$$V_z = U_z - K_z$$

oder unter Einsetzung des oben ermittelten Wertes für U_z:

$$V_z = \frac{K_z}{q_z} - K_z = \left(\frac{1}{q_z} - 1\right) K_z$$

oder

$$V_z = \frac{1 - q_z}{q_z} K_z.$$

Ist $q_z = {}^1/_2$, so entspricht das zusätzliche Verbrauchsvolumen V_z der Größe des Kaufkrafteinsatzes K_z. Ist die durchschnittliche Stillegungsquote $q_z = {}^1/_5$, so ist $V_z = 4\ K_z$. Die gesamte Steigerung des Leistungsstromes U_z beträgt in den beiden Fällen das Zwei- bzw. Fünffache des zusätzlichen Kaufkrafteinsatzes K_z.

Die durchschnittliche Stillegungsquote bei wiederholter Durchwirkung und bei wiederholtem Kaufkrafteinsatz.

Bei der Darstellung des Ausmaßes der Durchwirkung des zusätzlichen Kaufkrafteinsatzes im Wirtschaftskreislauf wurde eine gleichbleibende, durchschnittliche Stillegungsquote unterstellt, d. h. es wird angenommen, daß die Stillegungsquote bei den einzelnen aufeinanderfolgenden Nettoumsätzen, die durch das Durchwirken des zusätzlichen Kaufkrafteinsatzes bewirkt werden, gleich hoch bleibt. Diese Annahme einer gleichbleibenden Stillegungsquote trifft jedoch in Wirklichkeit nicht zu, da mit wachsenden Einkommen und Umsätzen die vom zusätzlichen Kaufkraftumlauf einbehaltenen Ersparnisse, Unternehmergewinne und Vermögensfreisetzungen sehr rasch eine Steigerung zu erfahren pflegen, also bei wiederholten Umsatzsteigerungen im Zuge der Durchwirkung der zusätzlichen Kaufkraft an den gleichen Stellen der Wirtschaft höhere Stillegungen vorgenommen werden. Das gleiche gilt, wenn die Umsatzsteigerungen nicht auf wiederholtem Durchlauf der eingesetzten Kaufkraft an der gleichen Stelle der Wirtschaft, sondern auf dem Einsatz weiterer zusätzlicher Kaufkraft beruhen. Infolgedessen kommt der zusätzliche Kaufkraftstrom im Sektor der Verbrauchsproduktion viel schneller zum Erliegen, als den bei Beginn des zusätzlichen Kaufkrafteinsatzes bestehenden Spargewohnheiten, Rentabilitätsverhältnissen und Abschreibungsquoten entspricht. So läßt es sich auch erklären, wieso der zu Beginn der Ausweitung des Leistungsstromes erfolgende Kaufkrafteinsatz sich auf die sekundäre Verbrauchsausweitung und damit auch auf die Gesamtbeschäftigung stärker auswirkt als der spätere (zusätzliche) Kaufkrafteinsatz, bei dem sich bereits eine größere Stillegungsquote geltend macht.

Eine Verbrauchsausweitung tritt nur als Folge einer per Saldo innerhalb einer Wirtschaftsperiode eintretenden Steigerung des Kaufkrafteinsatzes und nicht schon als Folge von Mehreinsätzen an einzelnen Stellen, die durch Mindereinsätze an anderen Stellen kompensiert werden können, ein, mit Ausnahme des Falles einer

Verlagerung des Kaufkrafteinsatzes von Investitions- zu Konsumzwecken. Wenn zusätzliche Kaufkrafteinsätze manchmal sich nicht in der Richtung einer Verbrauchsausweitung auszuwirken vermögen, so kann dies daran liegen, daß dieser Durchwirkung erhöhte Stillegungsquoten an anderer Stelle der Wirtschaft entgegenstehen. Anders liegt es, wenn bei wachsendem Kaufkrafteinsatz für Investitionszwecke bis dahin bezahlte Arbeitslosenunterstützungen (Konsumkredite) in Wegfall geraten, da alsdann insoweit überhaupt kein zusätzlicher Kaufkrafteinsatz stattfindet.

Die sukzessive Durchwirkung.

Die sekundäre Verbrauchsausweitung kann im Sektor der Verbrauchsproduktion zu einer Preissteigerung führen, wenn der plötzlich einsetzenden Nachfrage kein entsprechendes mengenmäßiges Angebot gegenübergestellt werden kann. In der Regel kann jedoch bei Beginn der Nachfragesteigerung auf vorhandene Vorräte zurückgegriffen werden. Es findet somit zunächst einmal eine Vermögensfreisetzung statt. Die potenzierte Ausweitung des zusätzlichen Kaufkrafteinsatzes wirkt sich alsdann erst bei der Wiederauffüllung der vorübergehend liquidierten Vorräte aus. Diese Vorratsentleerung und -wiederauffüllung kann sich bei jedem weiteren, von mal zu mal kleiner werdenden Umschlag wiederholen. Die potenzierte Wirkung des zusätzlichen Kaufkrafteinsatzes vollzieht sich dann erst allmählich und man kann unter solchen Umständen von einer sukzessiven Durchwirkung des zusätzlichen Kaufkrafteinsatzes im Verbrauchssektor sprechen.

Die simultane Durchwirkung.

Es ist nun aber auch der Fall denkbar, daß mit Einsetzen der primären Umsatzbelebung in Erwartung der damit verbundenen Verbrauchsausweitung die zusätzliche Verbrauchsproduktion sofort einsetzt, mit der Folge, daß sich die obenerwähnte vorübergehende Vorratsverringerung erübrigt, weil der gesamte zusätzliche Bedarf an Verbrauchsgütern, der aus der Mehrbeschäftigung sowohl in der Investitionsgüterindustrie als auch in der Verbrauchsproduktion selbst herrührt, sofort aus der zusätzlichen Produktion befriedigt werden kann. Die gesamte sekundäre Ausweitung des Leistungsstromes findet also in diesem Falle gleichzeitig mit der primären Umsatzsteigerung statt; wir können alsdann von einer simultanen Durchwirkung (Verbrauchsausweitung) sprechen. Die simultane Verbrauchsausweitung setzt bis zum Absatz ihrer Produktion eine vorübergehende Anreicherung der Vorräte, also einen weiteren sozusagen sekundären Kaufkrafteinsatz voraus. Die gesamte sekundäre Verbrauchsausweitung erfolgt also sofort in voller Höhe auf Grund eines weiteren zusätzlichen Kaufkrafteinsatzes im Gegensatz zur sukzessiven Umsatzsteigerung. Diese weitere sekundär zum Einsatz gebrachte Kaufkraft wird jedoch alsbald wieder stillgelegt, da ja insgesamt keine Vorratserhöhung bewirkt wird. Die sofortige Stillegung der sekundär eingesetzten Kaufkraft beruht auf der umgehenden Liquidation der Mehrproduktion an Verbrauchswerten (Vermögensfreisetzung). Eine simultane Wirtschaftsausweitung findet annäherungsweise statt, wenn mit einer Steigerung der Nachfrage auf Grund eines in Aussicht genommenen Kaufkrafteinsatzes gerechnet wird. In der Regel findet aber dann keine vollständige Liquidation der vorweggenommenen Vorratszugänge statt. Diese werden vielmehr im Hinblick auf die inzwischen eingetretene Umsatzerhöhung als notwendig gewordene Zwischenschläger zum Teil belassen. Das bedeutet, daß insoweit ein weiterer Kaufkrafteinsatz zum Zwecke der Vorratserhöhung stattfindet, der eine primäre Umsatzausweitung (dauernder Vorratszugang) bewirkt. Eine simultane Durchwirkung des Kaufkrafteinsatzes erfolgt vor allem in Zeiten, in denen die Wirtschaft von einem solchen Optimismus ergriffen ist, daß die Produzenten ihre Produktion auf einen noch immer steigenden Absatz einrichten.

Die bei zusätzlichem Kaufkrafteinsatz mehr verbrauchten Güter stammen immer, soweit nicht eine dauernde Liquidation bereits vorhandener Güter eintritt, von einer allgemeinen in den richtigen Proportionen erfolgenden Mehrproduktion, was jedoch im Falle der simultanen Durchwirkung besonders sichtbar wird. Soweit diese Mehrproduktion aber aus irgendwelchen Gründen (z. B. lange Dauer der Produktion) nicht simultan möglich ist, ist die Ausweitung des Verbrauchsvolumens an die Grenzen der sukzessiven Durchwirkung gebunden, nämlich an das Vorhandensein solcher Vorräte, die bis zur Marktreife der in Angriff genommenen Mehrproduktion zur Befriedigung der zusätzlichen Nachfrage ausreichen. Soll der zusätzliche Kaufkrafteinsatz zu keiner Preissteigerung führen, so darf bei sukzessiver Durchwirkung der zusätzliche Kaufkrafteinsatz daher nur in solchem Ausmaß erfolgen, daß der Nachfragesteigerung durch die vorübergehende Lagerverringerung begegnet werden kann, ohne eine, zumeist nachträglich nicht mehr zu berichtigende Preissteigerung auszulösen. Das heißt, die Vorratsentleerung darf ein gewisses Maß nicht überschreiten, da sonst aus psychischen Gründen eine Preissteigerung zu erwarten ist. Dagegen kann, falls eine simultane Durchwirkung zu erwarten ist, infolge des laufenden Zugangs an Vorräten der zusätzliche Kaufkrafteinsatz ohne die oben aufgezeigte Rücksichtnahme sofort in größerem Umfange und auf einmal vorgenommen werden.

Ließen sich die Bedingungen der sekundären Wirtschaftsausweitung bei einmal gegebener Veränderung des Kaufkrafteinsatzes stets voll übersehen, so könnte die sekundäre Verbrauchsausweitung — mit Ausnahme der oben gemachten Einschränkung — wohl meist simultan vorgenommen werden.

Die Veränderung des Kaufkraftumlaufs.

Bisher wurde die Annahme gemacht, daß der zusätzliche Kaufkrafteinsatz sich innerhalb einer Wirtschaftsperiode restlos durchwirkt und somit nur die Gesamtauswirkung des zusätzlichen Kaufkrafteinsatzes dargestellt, die sich bis zur endgültigen Stillegung der gesamten zusätzlich eingesetzten Kaufkraft ergibt. Dieser Kaufkrafteinsatz kann indessen zu einem Zeitpunkt erfolgen, der so liegt, daß am Ende einer irgendwie abgegrenzten Wirtschaftsperiode sich der zusätzliche Kaufkrafteinsatz im Sektor der Verbrauchsproduktion noch nicht voll ausgewirkt hat, und noch ein Teil der zusätzlich in Umlauf gebrachten Kaufkraft sich im Umlauf befindet. Um diesen Teil ist alsdann die gesamte im Umlauf befindliche Kaufkraft höher als am Ende der vorhergehenden Wirtschaftsperiode. Alsdann ist die Summe der Stilllegungen gegenüber dem gesamten zusätzlichen Kaufkrafteinsatz um die Summe, um die sich der Kaufkraftumlauf erhöht hat, kleiner. Bezeichnet man die Erhöhung des Kaufkraftumlaufs am Ende der Wirtschaftsperiode gegenüber dem Umlauf am Ende der vorhergehenden Wirtschaftsperiode mit N_z und dem in der Wirtschaftsperiode eintretenden Umsatzzuwachs mit U_z, den Verbrauchszuwachs mit V_z und die erfolgten Stillegungen mit S_z, dann gilt

$$K_z = S_z + N_z$$
$$S_z = U_z \cdot q_z.$$

Daraus ergibt sich für die Größe der in der betreffenden Wirtschaftsperiode erfolgenden sekundären Verbrauchsausweitung:

$$V_z = \frac{1 - q_z}{q_z} (K_z - N_z).$$

Ist $N_z = 0$, dann hat sich der Kaufkrafteinsatz voll ausgewirkt. Die restliche Umsatzzunahme aus dem zusätzlichen Kaufkrafteinsatz, die erst in der nächsten Umsatzperiode eintreten wird und die wir als Überhang der Umsatzvermehrung mit H bezeichnen können, ist alsdann

$$H = \frac{N_z}{q_z}.$$

Die sekundäre Umsatzschrumpfung.

Ein Rückgang des Kaufkrafteinsatzes, also eine Verminderung der im Umlauf befindlichen Kaufkraftmenge kann durch die Größe $(-K_z)$ ausgedrückt werden. Alsdann wird der Wert von V_z ebenfalls negativ; er bezeichnet das Ausmaß der auf Grund des verringerten Kaufkrafteinsatzes zu erwartenden **sekundären Umsatzschrumpfung**. Soweit sich diese mögliche Umsatzschrumpfung am Ende einer Wirtschaftsperiode noch nicht voll ausgewirkt hat, wird das Ausmaß der in der nächstfolgenden Wirtschaftsperiode eintretenden sekundären Umsatzschrumpfung durch den Rückgang bestimmt, den die umlaufende Kaufkraftmenge am Ende einer Wirtschaftsperiode gegenüber dem Stand zu Beginn dieser Wirtschaftsperiode erfahren hat. Der Wert von N_z ist alsdann negativ und $(-N_z)$ somit positiv. Um diese Größe wird daher der Umfang der zusätzlichen Kaufkraftstillegung $(-K_z)$ zunächst in seiner Auswirkung auf das Verbrauchsvolumen abgeschwächt.

Das ausgewogene Gleichgewicht des Wirtschaftskreislaufs.

Findet die sekundäre Veränderung des Verbrauchsvolumens innerhalb einer Wirtschaftsperiode dergestalt statt, daß sich ein zusätzlicher Kaufkrafteinsatz oder eine Veränderung des Kaufkrafteinsatzes in dieser Wirtschaftsperiode voll durchwirken, so wird die nächstfolgende Wirtschaftsperiode von diesen Veränderungen der Kaufkraftbewegungen nicht mehr berührt. Der Wirtschaftskreislauf kann sich daher unter der Voraussetzung eines gleichbleibenden Kaufkrafteinsatzes und einer gleichbleibenden durchschnittlichen Stillegungsquote in der nächstfolgenden Wirtschaftsperiode in unveränderter Weise wiederholen. Es ist alsdann

$$K_z = S_z$$

und $$N_z = 0.$$

Wir sprechen unter diesen Voraussetzungen von einem ausgewogenen Gleichgewicht der Kaufkraftbewegungen im Wirtschaftskreislauf oder abgekürzt von einem ausgewogenen Gleichgewicht des Wirtschaftskreislaufs selbst.

Das nichtausgewogene Gleichgewicht des Wirtschaftskreislaufs.

Ist dagegen die Durchwirkung einer Veränderung des Kaufkrafteinsatzes noch nicht vollständig erfolgt, so bedeutet dies, daß der restliche Teil der Durchwirkung des Kaufkrafteinsatzes bzw. die Verringerung des Kaufkrafteinsatzes in der nächsten Wirtschaftsperiode erfolgt und daher in der nächstfolgenden Wirtschaftsperiode noch sekundäre Veränderungen des Umsatzvolumens hervorrufen wird. Wir sprechen alsdann von einem nicht ausgewogenen Gleichgewicht des Wirtschaftskreislaufs, weil in der abgeschlossenen Wirtschaftsperiode $K_z \lesseqgtr S_z$ ist. Der Wirtschaftskreislauf kann unter diesen Umständen in der nächstfolgenden Wirtschaftsperiode nicht in der gleichen Weise wiederholt werden, auch wenn der Kaufkrafteinsatz wieder in gleicher Höhe erfolgt und die Stillegungsquote unverändert bleibt.

Eine Veränderung des Verbrauchsvolumens und damit der im Umlauf befindlichen Kaufkraftmenge kann bei gleichbleibendem Kaufkrafteinsatz auch dadurch eintreten, daß sich der Umfang der Kaufkraftstillegungen gegenüber der Vorperiode verändert, worauf unten noch näher einzugehen sein wird.

Ein nicht ausgewogenes Gleichgewicht wird auch noch in einem anderen Sinne festzustellen sein, nämlich wenn die Bedingungen des Ausgleichs der Bilanz der Kaufkraftbewegungen derartige sind, daß eine gleichartige Ausbalanzierung auf die Dauer nicht denkbar ist (z. B. bei Konsumverschuldung).

Der Umfang der Gesamtbeschäftigung und die Beziehungen der einzelnen Stillegungsquoten untereinander sowie zum Kaufkrafteinsatz.

Die Bedeutung der fortlaufenden Kaufkraftstilllegungen.

Wenn die fortlaufend zu Investitionszwecken eingesetzte Kaufkraft nicht durch die Vermögensbildung und Vermögensfreisetzungen stillgelegt werden würde, so würde jeder Kaufkrafteinsatz wie ein zusätzlicher Einsatz wirken mit der Folge, daß mit der Zeit im Sektor der Verbrauchsproduktion nicht nur alle verfügbaren Produktionskräfte zum Einsatz gelangten, sondern darüber hinaus eine regelrechte Inflation einträte. Daß es im allgemeinen nicht soweit kommt und die potenzierte Wirkung dieses per Saldo eintretenden Kaufkrafteinsatzes sich im Sektor der Verbrauchsproduktion nicht ungehemmt geltend machen kann, liegt daran, daß die Zunahme der Einkommen im allgemeinen zusätzliche Kaufkraftstillegungen auslöst, die dem Weiterfließen der zusätzlich eingesetzten Kaufkraft entgegenwirken. Würde umgekehrt den Kaufkraftstillegungen, insbesondere der Bildung von Ersparnissen aus laufenden Einkommen, nicht beständig durch den Einsatz weiterer Kaufkraft zu Investitionszwecken entgegengewirkt werden, so würden die Kaufkraftstillegungen und somit auch die Ersparnisbildung einen ständigen Deflationsdruck in der Wirtschaft auslösen. Das Gleichgewicht von Kaufkrafteinsatz und Kaufkraftstillegung ist nicht so selbstverständlich, daß man das Fehlen eines derartigen Gleichgewichts als Störungen des als Norm angenommenen Gleichgewichtsverhältnisses ansehen dürfte. Der Wirtschaftskreislauf befindet sich im Gegenteil zumeist in einem Zustande überwiegenden Kaufkrafteinsatzes oder überwiegender Kaufkraftstillegungen mit der Folge steigender oder schrumpfender Umsätze, und es ist ein Zufall, wenn sich die Kaufkrafteinsätze und Kaufkraftstillegungen innerhalb eines nicht ganz kurzen Zeitraumes, also innerhalb einer länger dauernden Wirtschaftsperiode die Waage halten und die Umsätze sich gleich bleiben. Der von den Kaufkrafteinsätzen ständig gespeiste Strom des Kaufkraftumlaufes wird durch das Versickern der Kaufkraft (Stilllegungen) fortdauernd in seiner Mächtigkeit verringert derart, daß bei jedem Umschlag, der den Einkommensempfang und dessen Verwendung mit umfaßt, der Betrag der weiterverausgabten Kaufkraft von mal zu mal kleiner wird, bis schließlich nicht nur die gesamte gegenüber der vorangegangenen Wirtschaftsperiode per Saldo zusätzlich in Umlauf gebrachte Kaufkraft restlos stillgelegt wird, sondern darüber hinaus noch weitere in Bewegung befindliche Kaufkraft stillgelegt werden kann, wenn die Summe der Kaufkrafteinsätze hinter der Summe der Kaufkraftstilllegungen zurückbleibt.

Die durchschnittliche Stillegungsquote einer Wirtschaftsperiode.

Bisher wurde nur von demjenigen Kaufkrafteinsatz gesprochen, der sich in einer Wirtschaftsperiode gegenüber der Vorperiode als zusätzlicher Kaufkrafteinsatz ergibt und als solcher Veränderungen des Kaufkraft- und des Leistungsstromes auslöst. Für ihn galt jeweils eine bestimmte Stillegungsquote. Vergegenwärtigt man sich jedoch, daß der Kaufkraftstrom ununterbrochen fließt und die Kaufkraftstillegungen sich nicht nur auf einen zusätzlichen Kaufkrafteinsatz, sondern auch auf die bisher schon im Umlauf befindliche Kaufkraft beziehen, so liegt es nahe, die in einer bestimmten Wirtschaftsperiode sich ergebende durchschnittliche Stillegungsquote mit dem gesamten Kaufkrafteinsatz dieser Wirtschaftsperiode in Beziehung zu setzen. Mit diesem jetzt gewonnenen Begriff der durchschnittlichen Stillegungsquote einer Wirtschaftsperiode ist es möglich, den gesamten Nettoumsatz einer Wirtschaftsperiode zu bestimmen.

Die Größe des Verbrauchsvolumens und der Gesamtumsätze einer Wirtschaftsperiode.

Dieser Gesamtnettoumsatz U ist gleich der Summe der Investitionen (Anlagenzugänge, Vorratserhöhungen zuzüglich eines eventuellen Ausfuhrüberschusses) K_J und der Summe des gesamten Verbrauchsvolumens V, also

$$U = K_J + V \quad \text{. . . . . (1)}$$

Die Summe der Kaufkrafteinsätze, die entweder in Höhe von K_J zu Investitionszwecken oder in Höhe von K_V zu Konsumzwecken erfolgen, ist gleich der Summe der Kaufkraftstillegungen S zuzüglich der gesamten am Schluß der Wirtschaftsperiode noch im Umlauf befindlichen Kaufkraftmenge N. Der Übergang der von der Vorperiode übernommenen, umlaufenden Kaufkraft N' ist in den Kaufkrafteinsätzen der Wirtschaftsperiode K_J und K_V mit enthalten, insofern als die Erlöse vorübergehend liquidierter Vorräte (und Anlagen) und die noch zum Verbrauch bestimmten Einkommensteile in der nächstfolgenden Wirtschaftsperiode wie die übrige zur Erhöhung von Vorräten und Anlagen und die übrige zur unmittelbaren Verbrauchsausweitung bestimmte Kaufkraft als primärer Kaufkrafteinsatz erscheinen. Es ist also

$$K_J + K_V = S + N \quad \ldots\ldots\ldots \quad (2)$$

Weiterhin ist zu berücksichtigen, daß die Summe aller Kaufkraftstillegungen S gleich dem Produkt aus den gesamten Nettoumsätzen U einer Volkswirtschaft und der durchschnittlichen Stillegungsquote q sein muß, also:

$$S = q \cdot U \quad \ldots\ldots\ldots\ldots \quad (3)$$

oder

$$U = \frac{S}{q} \quad \ldots\ldots\ldots\ldots \quad (4)$$

Daraus ergibt sich für die gesamten Nettoumsätze einer Wirtschaftsperiode die Größenordnung:

$$\Big\| \; U = \frac{1}{q} (K_J + K_V - N)$$

und für das Verbrauchsvolumen:

$$V = U - K_J$$

oder

$$V = \frac{1}{q} (K_J + K_V - N) - K_J$$

oder

$$\Big\| \; V = \left(\frac{1}{q} - 1\right) K_J + \frac{1}{q} (K_V - N)$$

Um auch eine zahlenmäßige Vorstellung von den Größenverhältnissen des Umfanges der Gesamtbeschäftigung zu gewinnen, sei folgendes Beispiel einmal durchgerechnet: In einer Volkswirtschaft, in der das Verbrauchsvolumen beispielsweise rd. 60 Mrd. (davon sekundäres Verbrauchsvolumen rd. 55 Mrd.), die Neuinvestitionen rd. 10 Mrd., die Vermögensübertragungen (Konsumkredite, aufgelöste Vermögen und wiederverausgabte Unternehmergewinne) rd. 5 Mrd. und die Zunahme des Kaufkraftumlaufs am

Ende dieser Wirtschaftsperiode rd. 1 Mrd. betragen, ergibt sich als Wert der Stillegungsquote q ein Fünftel. Es gilt also:

$$60 + 10 = \frac{1}{1/5}(10 + 5 - 1)$$

$$\left[U = V + K_J = \frac{1}{q}(K_J + K_V - N)\right]$$

Das heißt, bei jedem Umschlag werden im Durchschnitt von den empfangenen Einkommen 20% gespart oder durch Unternehmergewinne, Anlagenabschreibungen und Vorratsverringerungen oder Überschüsse der öffentlichen Hand durchschnittlich einbehalten.

Dazu ist im einzelnen folgendes zu bemerken:

Der Kaufkrafteinsatz zu Investitionszwecken.

Der Kaufkrafteinsatz zu Investitionszwecken (einschließlich Vorratserhöhungen) K_J kann entweder nur den Kaufkrafteinsatz für Neuinvestitionen oder auch den gesamten Kaufkrafteinsatz für die gesamten Investitionen einschließlich der aus den laufenden Abschreibungen finanzierten Ersatzinvestitionen bezeichnen. Im letzteren Falle ist es aber alsdann erforderlich, die Abschreibungen, die für Ersatzinvestitionen wieder verausgabt werden, als Kaufkraftstillegungen zu behandeln. Je nach dem besonderen Zweck der Darstellung kann hinsichtlich der laufenden Ersatzinvestitionen entweder eine Netto- oder eine Bruttorechnung aufgemacht werden. Nachgeholte Ersatzinvestitionen für Anlagen, die bereits abgeschrieben sind, sind dagegen immer als Neuinvestitionen der betreffenden Wirtschaftsperiode zu behandeln.

Der Kaufkrafteinsatz zu Konsumzwecken.

Der Kaufkrafteinsatz zu Konsumzwecken kann entweder dem unmittelbaren Verbrauch oder der Vermehrung des Bestandes an dauerhaften Gebrauchsgütern wie Eisschrank, Radio, Fahrrad, Auto, Wohnungseinrichtungen usw. dienen. Im letzteren Fall bezeichnet K_V insoweit ebenfalls einen Vermögenszugang, allerdings keinen Zugang werbenden Vermögens, sondern von Gebrauchsvermögen. Auch in diesem Fall kann je nach dem Darstellungszweck eine Brutto- oder eine Nettorechnung aufgestellt werden. In der Bruttorechnung erscheint der gesamte Erwerb von Gebrauchsgütern als Kaufkrafteinsatz K_V und die in der gleichen Wirtschaftsperiode hierfür zunächst angesammelten Ersparnisse alsdann als Kaufkraftstillegungen. In der Nettorechnung werden diese Ersparnisse gegen die dagegenstehenden Gebrauchsinvestitionen aufgerechnet, so daß tatsächlich nur noch diejenigen Gebrauchsinvestitionen unter K_V erscheinen, die in der betreffenden Wirtschaftsperiode per Saldo aus früheren Ersparnissen und Unternehmergewinnen oder auf Kredit gekauft worden sind. Ob und inwieweit man unter gewissen Voraussetzungen auch die periodische Erneuerung von Textilien als Gebrauchsinvestitionen auffassen soll, bleibt eine offene Frage.

Die besondere Bedeutung der Gebrauchsinvestitionen.

Die Gebrauchsinvestitionen haben in den wohlhabenden Ländern während der letzten Jahrzehnte für die Aufrechterhaltung der Gesamtbeschäftigung der Wirtschaft durch ihren ins Gewicht fallenden Umfang eine besondere Bedeutung erlangt. Soweit das Abzahlungsgeschäft sich lediglich auf die Finanzierung des Zugangs der Gebrauchsgüter beschränkt und die Abzahlungsraten in vorsichtiger Weise auf den Wert und die Restlebensdauer der finanzierten Gebrauchsinvestitionen abgestellt sind und der Umfang der Abzahlungsgeschäfte nicht zurückgeht, vermag das Abzahlungsgeschäft in der Tat die Gesamtbeschäftigung der Wirtschaft zu fördern. Werden jedoch die Abzahlungsraten nicht in angemessener Übereinstimmung mit den laufenden Einkommen gehalten oder gar dem unmittelbaren Verbrauch dienende Güter kreditiert, so ist das Abzahlungsgeschäft sowohl volkswirtschaftlich als auch betriebswirtschaftlich unzweckmäßig, weil es nur zu einer einmaligen Verbrauchsaufblähung führt mit der Wirkung nachfolgender Konsumbeschränkungen.

Veränderungen der Stillegungsquote.

Die Stillegungsquote q kann auch bei gleichbleibendem Kaufkrafteinsatz Veränderungen erfahren. Ihre Erhöhung bedeutet eine Verringerung des Verbrauchsvolumens, ihre Verringerung eine Ausweitung des Verbrauchsvolumens. Die Vorstellung der Klassiker der Nationalökonomie, daß die Spartätigkeit, die einen Verbrauchsverzicht bedeutet, ohne weiteres eine Erhöhung der Investitionstätigkeit herbeiführe, beruht auf der stillschweigenden Voraussetzung, daß mit dem Wachsen der Stilllegungsquote der Kaufkrafteinsatz K zu Investitionszwecken wachse. Diese Voraussetzung trifft jedoch in der modernen Wirtschaft immer seltener zu.

Überwiegende Kaufkraftstillegungen.

Ein Steigen der Stillegungsquote bei gleichbleibendem Kaufkrafteinsatz bedeutet, daß die Verbrauchsumsätze schrumpfen und die Vermögensbildung und Vermögensfreisetzung sich in beschleunigtem Tempo vollziehen. Die Stillegungsquote kann jedoch so sehr steigen, daß die Summe der Kaufkraftstillegungen den Umfang des Kaufkrafteinsatzes übersteigt und eine Verringerung der umlaufenden Kaufkraftmenge eintritt.

Die einzelnen Stillegungsquoten.

Die Stillegungsquote q ist keine einheitliche, sondern eine zusammengesetzte Größe, insofern die Kaufkraftstillegungen, wie wir gesehen haben, auf verschiedenen Ursachen beruhen könnte, nämlich

a) auf Vermögensfreisetzungen (Nichterneuerung von Anlagen und Vorräten),

b) auf der Ersparnisbildung,

c) auf der Unternehmergewinnbildung,

d) auf der Vermögensbildung in Händen des Auslandes auf Grund eines Einfuhrüberschusses, die selbst wieder auf einer Ersparnisbildung, Unternehmergewinnbildung oder Vermögensfreisetzungen im Auslande beruht.

Die Beziehungen der einzelnen Stillegungsquoten untereinander und zum Kaufkrafteinsatz.

Zwischen diesen einzelnen Stillegungsquoten einerseits und dem Kaufkrafteinsatz andererseits bestehen zwar Beziehungen wirtschaftlicher Art. Doch sind diese Beziehungen nicht mechanischer, sondern rein psychologischer Natur. Dasselbe gilt grundsätzlich auch für das Verhältnis der einzelnen Stillegungsquoten untereinander. Insoweit sind daher die einzelnen Stillegungsquoten als unabhängige veränderliche Größen anzusehen, genau so wie die Höhe des Kaufkrafteinsatzes, während S, V und damit auch U als die abhängigen veränderlichen Größen erscheinen.

Die Erhöhung oder die Senkung einer einzelnen Stillegungsquote, z. B. der Sparquote, wird bei dieser Stillegungsquote eine Vermehrung bzw. eine Senkung der vorkommenden Kaufkraftstillegungen (also z. B. der Ersparnisse) bewirken. Da die Gesamtsumme der Kaufkraftstillegungen S unveränderlich bleibt — denn sie ist abhängig von der Größe des Kaufkrafteinsatzes —, so muß zwangsläufig der Umfang der übrigen Kaufkraftstillegungen sich verringern bzw. wachsen. Dies bedeutet jedoch nicht ohne weiteres eine zwangsläufige Veränderung der übrigen Stillegungs*quoten*, d. h. eine Veränderung der Stillegungen pro Umsatzeinheit. Eine Veränderung der übrigen Stillegungsquoten würde nämlich nur dann eintreten, wenn die Gesamtumsätze der betreffenden Wirtschaftsperiode und somit auch die Zeitdauer der Kaufkraftstilllegungen unverändert bleiben würden. Die Senkung *einer* Stilllegungsquote bei völliger Unveränderlichkeit der übrigen Stilllegungsquoten, d. h. der übrigen Stillegungen pro Umsatzeinheit, *muß* also eine entsprechende Steigerung der Gesamtumsätze und damit eine Verlängerung der Stillegungsdauer nach sich ziehen, wie umgekehrt die Erhöhung einer einzelnen Stillegungsquote unter den gleichen Voraussetzungen zu einer Umsatzschrumpfung und somit auch zu einer Abkürzung der Stillegungsdauer bezogen auf den einmal gegebenen Kaufkrafteinsatz führen muß.

Praktisch ist jedoch die Voraussetzung der völligen Unveränderlichkeit aller übrigen Stillegungsquoten nicht gegeben, da im allgemeinen eine Umsatzsteigerung eine gewisse Erhöhung der Kaufkraftstillegungen (Kostendegressionsgewinne und erhöhte Sparkraft) und umgekehrt eine Umsatzverringerung eine Senkung derselben mit sich zu bringen pflegt. Doch handelt es sich dabei nicht um automatisch erfolgende Durchwirkungen, sondern die Veränderungen der übrigen Stillegungsquoten bleiben auch dann noch in das autonome Ermessen der Unternehmer und Einkommensempfänger gestellt.

Beispiel: Lohnerhöhung bei gleichbleibenden Preisen.

So kann beispielsweise durch eine Lohnerhöhung, die bei unveränderten Preisen eine Verringerung der Unternehmergewinnquote bedeutet, bei gleichbleibender Sparquote entsprechend dem längeren Durchlaufen der eingesetzten Kaufkraft eine Ausweitung des Verbrauchsvolumens herbeigeführt werden. Nur soweit die Sparquote ihrerseits erhöht wird, wird die Umsatzerhöhung im Sektor der Verbrauchsversorgung kleiner ausfallen, als durch die Senkung der Unternehmergewinnquote zu erwarten gewesen wäre. Ein unmittelbarer zwangsläufiger Zusammenhang zwischen der Veränderung der Unternehmergewinnquote und der Ersparnisquote besteht dabei aber nicht, wenn auch die Steigerung der Realeinkommen die Tendenz zu einer Erhöhung der Sparquote mit sich bringt und umgekehrt.

Wirkung von Veränderungen der Lohnhöhe auf den Außenhandel.

Man könnte indessen annehmen, daß Veränderungen der Unternehmergewinnquote über den Umweg des Lohn- und Preisniveaus sich zwangsläufig auf die Höhe der Kaufkraftstillegungen, die durch die Vermögensbildung in Händen des Auslandes auf Grund eines Einfuhrüberschusses vorgenommen werden, sowie auf die Höhe des Kaufkrafteinsatzes als Folge einer verstärkten Ausfuhr auswirken werden.

Man kann nämlich grundsätzlich jede Ausfuhr als einen Kaufkrafteinsatz und jede Einfuhr als eine Kaufkraftstillegung betrachten, während wir bisher nur den per Saldo sich ergebenden Ausfuhrüberschuß als Kaufkrafteinsatz (Vermögensbildung) und nur den per Saldo sich ergebenden Einfuhrüberschuß als Kaufkraftstillegung (Auslandsverschuldung) behandelt haben, wobei die gegeneinander saldierte Einfuhr und Ausfuhr als durchlaufende Posten nicht besonders gekennzeichnet wurden.

Erfolgt nun eine Herabsetzung der Unternehmergewinnquote durch eine allgemeine Lohnerhöhung, die eine Zunahme des Verbrauchsvolumens bewirkt, so kann das eine Einfuhrsteigerung und damit eine Erhöhung der Stillegungsquote, die auf einen Einfuhrüberschuß zurückgeht, nach sich ziehen. Es erfolgt unter dieser Voraussetzung auf der Grundlage eines überhöhten Lohnniveaus eine Konsumverschuldung an das Ausland, das in diesem Umfange volkswirtschaftlicher Miteigentümer der inländischen realen Vermögensbildung wird.

Umgekehrt kann eine Steigerung der Unternehmergewinnbildung durch Senkung der Löhne eintreten und infolge dieser Beschränkung der Realeinkommen eine Verringerung der Einfuhr und infolgedessen ein Ausfuhrüberschuß, also ein erhöhter Kaufkrafteinsatz bewerkstelligt werden.

Diese Durchwirkungen der Veränderungen der Unternehmergewinnquote auf dem Weg einer Beeinflussung des Außenhandels stellt aber nur einen der möglichen Wege dar, auf denen sich die Veränderung einer Stillegungsquote durchwirken kann. Sie ist zudem an bestimmte Voraussetzungen im Verhalten des Auslandes geknüpft, die außerhalb der kaufkraftmäßigen Automatik liegen.

Denn die im ersterwähnten Falle eintretende Konsumverschuldung an das Ausland setzt die Bereitschaft des Auslandes zur Kreditgewährung voraus. Ist diese nicht gegeben, so tritt ein Goldabfluß und oder — je nach dem währungspolitischen Verhalten des von der Lohnerhöhung betroffenen Landes — eine inflatorische Preissteigerung im Inlande ein. Je nach der psychologischen Einstellung der Bevölkerung kann die Preissteigerung von einer Erhöhung oder aber bei vorherrschendem Mißtrauen in den Bestand der Währung von einer Verringerung der Sparquote begleitet sein. Die Veränderung der Sparquote kann also unter diesen Umständen den inflatorischen Preisauftrieb ebensosehr abschwächen, wie auch verstärken. Die Quote der Unternehmergewinnbildung, d. h. der prozentuale Anteil der Unternehmergewinne am Umsatz kann dabei völlig verändert bleiben.

Ebenso ist auch im zweiten Falle der Dumpingausfuhr die Bereitwilligkeit des Auslandes zur Aufnahme der Mehrausfuhr die stillschweigende Voraussetzung für den zusätzlichen Kaufkrafteinsatz. Zeigt das Ausland keine derartige Aufnahmebereitschaft, so muß die Senkung der Realeinkommen zu einer Schrumpfung der Gesamtumsätze führen. Das heißt trotz der Vergrößerung der Unternehmergewinnquote, also des prozentualen Anteils der Unternehmergewinne an den Umsätzen durch die Lohnsenkung tritt also — soweit keine Verringerung der Sparquote erfolgt — im ganzen keine Steigerung der Unternehmergewinne ein, weil die Gesamtumsätze fallen und die reale Vermögensbildung gegenüber dem erreichten Stande keine Ausweitung mehr erfährt, sofern nicht auf Grund der niederen Löhne im Inland ein zusätzlicher Kaufkrafteinsatz zu Investitionszwecken erfolgt. Dieser ist aber wiederum abhängig von dem Bedarf an neuen Investitionen, der Bereitwilligkeit der Geldgeber zu einem investitionsfördernden Kaufkraftangebot und nicht zuletzt von der Unternehmungsfreudigkeit der Investitoren selbst.

Wenn auch die Veränderung des Außenhandels als Folge der Veränderung der Unternehmergewinnquote und der Realeinkommen grundsätzlich vom autonomen Verhalten des Auslands abhängig ist, so ist doch immer bei einer Ermäßigung der Unternehmergewinnquote durch Lohnerhöhungen die Tendenz zur

Einfuhrsteigerung, und bei einer Erhöhung der Unternehmergewinnquote durch Lohnsenkungen die Tendenz zur Ausfuhrsteigerung vorhanden. In kleinerem Umfange werden sich diese Tendenzen normalerweise auch durchsetzen, da die Bereitschaft zur Gewährung zusätzlicher Wareneinfuhrkredite durch das Ausland bzw. die Aufnahmebereitschaft bei der Einfuhr verbilligter Exportartikel an irgendwelchen Stellen des Auslandes immer vorausgesetzt werden kann. Praktisch entstehen die Widerstände gegen diese Tendenzen zur Umgestaltung der seitherigen Außenhandelsverhältnisse zumeist erst dann, wenn infolge eines fortgesetzten Einfuhrüberschusses die Warenkredite des Auslandes in dauernde Finanzkredite umgewandelt werden müssen oder die Massierung der Exportleistungen an den Märkten der ausländischen Einfuhrländer zu Störungen führt.

Es ist also nicht angängig, aus der Veränderung einer der Kaufkraftstillegungsquoten auf eine zwangsläufige Veränderung der übrigen Kaufkraftstillegungsquoten oder des Kaufkrafteinsatzes zu folgern. Derartige Auswirkungen einer Veränderung einer der Kaufkraftstillegungsquoten sind vielmehr an ganz konkrete materielle und psychologische Voraussetzungen geknüpft, die außerhalb des Zusammenhanges des Mechanismus des Wirtschaftskreislaufes stehen.

Das Tempo der Vermögensbildung.

Eine Verringerung der Unternehmergewinnquote führt im übrigen nur insoweit zu einer Verbrauchsausweitung, als infolge der Verlängerung der Dauer der Kaufkraftstillegungen eine Umsatzvermehrung im Sektor der Verbrauchsproduktion eintritt. Die Herabsetzung der Unternehmergewinnquote hat also nicht etwa eine Verringerung der Vermögensbildung, sondern nur eine längere Dauer der diesbezüglichen Kaufkraftstillegungen zur Folge. Würde trotz der Steigerung der Realeinkommen der Gesamtbetrag der Ersparnisse überhaupt nicht steigen, so würde sich der Gesamtbetrag der Unternehmergewinne gar nicht verändern. Er würde nur langsamer und vor allem an anderer Stelle anfallen, nämlich bei den Betrieben, die in den Genuß der zusätzlichen Verbrauchsumsätze kommen werden. Da nicht anzunehmen ist, daß bei einer Steigerung der Realeinkommen der absolute Betrag der Ersparnisse gleichbleiben, also eine Senkung der Sparquote eintreten wird, sondern letztere eher eine Erhöhung erfahren wird, so wird der Gesamtbetrag der Ersparnisse bestimmt steigen. Um den Zugang an Mehrersparnissen wird — auch bei gleichbleibender Unternehmergewinnquote — die Summe der anfallenden Unternehmergewinne gekürzt werden.

Die realen Möglichkeiten einer Ausweitung des Verbrauchsvolumens.

Eine direkte Überführung der Unternehmergewinne in Verbrauchswerte ist somit nicht möglich, wohl aber eine Überführung in Ersparnisse. Denn den Betriebsgewinnen entsprechen je letzten Endes in der Volkswirtschaft Zugänge an neuen Aktiven (einschließlich einer Konsumverschuldung). Die Möglichkeit, das Verbrauchsvolumen durch eine Senkung der bisherigen Betriebsgewinne zu heben, besteht bei einmal gegebenem Investitionsvolumen nur insoweit, als bisher ungenutzt gebliebene Produktionskapazitäten und Vorräte an Verbrauchswerten zur Deckung der zusätzlichen Verbrauchsnachfrage herangezogen werden können. Darüber hinaus ist eine Ausweitung des Verbrauchsvolumens nur mehr unter gleichzeitiger Einschränkung der realen Vermögensbildung möglich, indem entweder im Sektor der Investitionsgüterindustrie und der ihr zugeordneten Produktionsmittelindustrien an Stelle von Investitionsgütern unmittelbar für den Gebrauch bzw. Verbrauch bestimmte Erzeugnisse hergestellt werden, oder indem ein Teil der Leistungen der Investitionsgüterindustrien und der ihnen zugeordneten Produktionsmittelindustrie zusätzlich exportiert wird und zur Bezahlung einer erhöhten Einfuhr an Verbrauchswerten dient.

Hinsichtlich der Möglichkeiten der Einfuhrsteigerung bei zusätzlichem Kaufkrafteinsatz bestehen große Unterschiede zwischen den verschiedenen Ländern. Bei Ländern, deren Wirtschaft allgemein zu einem hohen Prozentsatz auf Einfuhr angewiesen ist, wie z. B. England, oder bei denen dies insbesondere hinsichtlich der Versorgung mit Investitionsgütern und Produktionsmitteln gilt, bewirkt ein zusätzlicher Kaufkrafteinsatz sofort eine Einfuhrzunahme und damit eine Kaufkraftstillegung, so daß die Durchwirkung des Kaufkrafteinsatzes im eigenen Lande sehr begrenzt ist.

Die Umlaufsgeschwindigkeit des Geldes.

Der Begriff der Umlaufsgeschwindigkeit des Geldes in seiner bisherigen Verwendung wird durch die hier besprochene Darstellung des Kaufkraftumlaufs weitgehend überflüssig. Denn gerade diejenigen Tatbestände, die mit dem bisherigen, nur definitorischen Begriff der Umlaufsgeschwindigkeit des Geldes nur mangelhaft erfaßt werden, sind nunmehr durch die exakten Feststellungen der Kaufkraftstillegung und des Kaufkraft(wieder)einsatzes in anschaulicher Weise fest umrissen. Der Begriff der Umlaufsgeschwindigkeit hat im Rahmen der hier zur Anwendung kommenden Darstellungsweise nur noch eine untergeordnete und klar übersehbare Bedeutung. Die Höhe der am Ende einer Wirtschaftsperiode noch im Umlauf befindlichen Kaufkraftmenge ist bei gleichen Umsatzintervallen abhängig von der Höhe des Kaufkrafteinsatzes, der Größe der Stillegungsquote und vom Zeitpunkt des Kaufkrafteinsatzes.

Die Veränderung der Umsatzintervalle.

In der Gesamtbankenbilanz wurde zwischen der endgültig stillgelegten und der im Umlauf befindlichen Kaufkraft unterschieden. Es wurde indessen darauf hingewiesen, daß von der umlaufenden Kaufkraft immer nur ein Teil sich tatsächlich im Umlauf befindet und einen mehr oder weniger breiten Strom des Leistungsaustausches bewirkt, und der übrige Teil der an und für sich im Umlauf befindlichen Kaufkraft vorübergehend stillgelegt ist. (Bei der periodischen Abgrenzung der Kaufkraftbewegungen erscheint überdies die gesamte im Umlauf verbleibende Kaufkraft als vorübergehend stillgelegt.) Die Gruppe der vorübergehend stillgelegten Kaufkraft kann in zwei Untergruppen gegliedert werden, nämlich in die Gruppe derjenigen vorübergehend stillgelegten Kaufkraft, die nach kurzen Intervallen erneut wieder zur Übertragung gelangt, und diejenigen Kaufkraftmengen, die erst nach einem längeren Zeitraum zur Bewirkung eines Leistungsumsatzes wieder übertragen werden. Die Verwendungshäufigkeit oder mit andern Worten ausgedrückt der Weg vom Einsatz bis zur endgültigen Stillegung oder die Umlaufsgeschwindigkeit der beiden Kaufkraftgruppen ist eine verschiedene. Nun besteht die Möglichkeit einer Veränderung der Umsatzintervalle der beiden Kaufkraftgruppen, z. B. durch Vorverlegung des Verausgabungstermins. Diese Vorverlegung der Verausgabung ist bei der Gruppe mit den kurzen Umsatzintervallen, also z. B. derjenigen Kaufkraft, die in der Hauptsache zur Bezahlung von Nahrungs- und Genußmitteln dient, nicht wichtig, da bei dieser Gruppe nur ein geringer Spielraum für eine Veränderung der Umsatzintervalle besteht.

Dagegen ist es bei der Gruppe von Kaufkraft mit den langen Umsatzintervallen sehr gut möglich, den Zeitpunkt der Wiederverausgabung z. B. zum Ankauf von Textilien vorzuverlegen. Die Folge davon wäre eine Verbreiterung des Stromes der tatsächlich umlaufenden Kaufkraft und des Leistungsstromes. Es würde also eine zusätzliche Ausweitung des Verbrauchsvolumens, ein überhöhtes Verbrauchsvolumen durch die Vorverlegung des Verausgabungstermins stattfinden. Eine weitere Folge ist die daraus resultierende Zunahme der endgültigen Kaufkraftstilllegungen aus zusätzlichen Unternehmergewinnen, Ersparnissen, Anlagenabschreibungen usw. Dadurch wird eine Verringerung der nur vorübergehend stillgelegten Kaufkraftmenge mit den langen Umsatzintervallen und somit überhaupt eine Verringerung der gesamten vorübergehend stillgelegten oder — mit anderen Worten — der im Umlauf verbleibenden Kaufkraftmenge bewirkt. Die Verringerung der umlaufenden Kaufkraftmenge (N) ist der Ausdruck dafür, daß bei Beibehaltung des vorverlegten Verausgabungstermins in der nächstfolgenden Wirtschaftsperiode das überhöhte Verbrauchsvolumen wieder abgebaut und zum normalen Verbrauchsumsatz zurückgekehrt wird (Abbau der Überkonjunktur gleich relative Depression). — Andererseits kommt der Aufschub einer traditionell gewordenen Verausgabung vorübergehend stillgelegter Kaufkraft zusätzlichem Sparen gleich und führt zu einer einmaligen Depression der Verbrauchsumsätze sowie zu einer Erhöhung der nur vorübergehend stillgelegten Kaufkraftmenge (N). Infolgedessen hat die Beibehaltung des späteren Verausgabungstermins bei der nächstfolgenden Wirtschaftsperiode die Rückkehr zum alten Verbrauchsvolumen, also gegenüber der eben abgeschlossenen Wirtschaftsperiode eine Wiedererhöhung der Umsätze zur Folge. (Die Vorverlegung der Umsatztermine kann bei länger reichendem Leistungsangebot eine Preissteigerung, der Aufschub der Umsatztermine bei unelastischem Leistungsangebot eine Preisherabsetzung bewirken.) Die Veränderung der traditionellen Konsumgewohnheiten (Umsatzintervalle) hat also entsprechende Veränderungen der Kaufkraftstillegungen und somit Veränderungen der Verwendungshäufigkeit oder des Umlaufsweges der vorübergehend stillgelegten Kaufkraft zur Folge. Diese Veränderung der Umlaufsgeschwindigkeit der vorübergehend stillgelegten Kaufkraft ist jedoch begrenzt, da eine Vorverlegung oder ein Aufschub der Umsatztermine nur einmalig erfolgen, also nicht ständig wiederholt werden kann.

Durchschnittliche Umlaufsgeschwindigkeit der umlaufenden Kaufkraft.

Durch die Höhe der durchschnittlichen Stillegungsquote und die durchschnittlichen Intervalle der Nettoumsätze wird die durchschnittliche Laufzeit der umlaufenden Kaufkraft von ihrem Einsatz bis zu ihrer Stillegung bestimmt. Man kann daher auch von einer durchschnittlichen Umlaufsgeschwindigkeit der umlaufenden Kaufkraft bei gegebenen Umsatzintervallen sprechen. Diese durchschnittliche Umlaufsgeschwindigkeit bleibt jedoch ohne Einfluß auf die Preisbildung, denn die Geschwindigkeit der Kaufkraftübertragungen ist identisch mit der Geschwindigkeit des Leistungsaustausches im Wirtschaftskreislauf. Die Vorstellung von einer inflatorischen oder deflatorischen Wirkung einer Veränderung der Umlaufsgeschwindigkeit der Kaufkraft beruht lediglich darauf, daß man die Vorstellung der Umlaufgeschwindigkeit nicht auf die tatsächlich im Umlauf befindliche Kaufkraftmenge beschränkt, sondern auf die gesamte vorhandene Kaufkraftmenge, also auch auf die stilliegende bzw. stillgelegte Kaufkraftmenge ausgedehnt hat. Dabei wurden aber Veränderungen des Kaufkrafteinsatzes und des Umfanges der Kaufkraftstillegungen nicht als solche besonders kenntlich gemacht, sondern als Änderungen der Umlaufsgeschwindigkeit der gesamten Kaufkraft behandelt.

Veränderungen der Zahlungsgewohnheiten.

Veränderungen des Kaufkrafteinsatzes bzw. der Kaufkraftstillegungen, die lediglich auf Veränderungen der Zahlungsgewohnheiten beruhen, bleiben indessen als solche ohne Einfluß auf das Wertvolumen der Wirtschaft:

Ein Übergang zur Vorauszahlung erfordert bei den Zahlungsverpflichteten zusätzlichen Kaufkrafteinsatz, diese Kaufkraft wird jedoch von den Zahlungsempfängern durch die Liquidation ihrer Außenstände sofort wieder stillgelegt. Umgekehrt erfordert der Übergang von der Kassaregulierung zur nachträglichen Bezahlung einen zusätzlichen Kaufkrafteinsatz bei den zur Vorleistung verpflichteten Zahlungsempfängern, dem in entsprechender Höhe eine zwischenzeitliche Kaufkraftstillegung bei den Zahlungsverpflichteten gegenübersteht. Nur wenn die stillgelegte Kaufkraft im ersten Falle von den Zahlungsempfängern, im zweiten Falle von den Zahlungsverpflichteten, die vom Barkauf zum Kreditkauf übergehen, erneut wieder eingesetzt wird, sei es zur Vornahme neuer Investitionen (Vorratserneuerung), sei es zur Deckung von Betriebsverlusten, übt dieser zweite Kaufkrafteinsatz eine Wirkung auf den Kreislauf des Leistungsaustausches aus.

Ähnliches gilt, wenn z. B. Lohnzahlungen nicht mehr wöchentlich, sondern halbwöchentlich vorgenommen werden. Alsdann wird nur noch die Hälfte der bisher umlaufenden Kaufkraftmenge zur Regulierung der Lohnzahlungen benötigt. Wird der Zahlungstermin vorverlegt, so wird die nicht mehr benötigte Kaufkraft von den Lohnempfängern stillgelegt; findet keine Vorverlegung des Zahlungstermins statt, sondern wird die Abkürzung der Lohnzahlungsperioden dadurch eingeleitet, daß bei der nächsten Fälligkeit nur der halbe Wochenlohn zur Auszahlung gelangt, so findet die Kaufkraftstillegung bei den Zahlungsverpflichteten statt. Die endgültige Stillegung der an und für sich bereits vorübergehend stillgelegten Kaufkraft bleibt ohne Einfluß auf die Bilanz der Kaufkraftbewegungen. Auch finden trotz der Verringerung der umlaufenden Kaufkraft in der nächstfolgenden Wirtschaftsperiode keine geringeren Kaufkrafteinsätze statt. Wird dagegen die stillgelegte, zur Bewältigung des Zahlungsverkehrs nicht mehr benötigte Kaufkraft erneut eingesetzt, so stellt dies einen völlig neuen Kaufkrafteinsatz mit allen seinen Auswirkungen dar. Im Falle einer allgemeinen Verkürzung der Zahlungsperioden, wie sie in Zeiten mangelnden Vertrauens zur Wertbeständigkeit der Kaufkraft durchgehend durch den ganzen Wirtschaftskreislauf hin vorgenommen wird, werden so große Mengen an Kaufkraft zur Bewältigung des Zahlungsverkehrs entbehrlich, daß ihr erneuter Einsatz eine allgemeine Preissteigerung auszulösen vermag. Voraussetzung dafür ist jedoch, daß die Abkürzung der Zahlungsperioden gleichmäßig durch den ganzen Wirtschaftskreislauf erfolgt, da sonst die Vorverlegung der Zahlungen unmittelbar auf einen zusätzlichen Kaufkrafteinsatz zurückgehen würde, oder aber infolge des Nachhinkens der Zahlungseingänge sehr bald eine Korrektur in der anderen Richtung hin erfolgen müßte. Dies ist insbesondere auch der Fall, wenn in einzelnen Wirtschaftssektoren infolge Vorwegnahme des künftigen Bedarfs eine außerordentliche Preissteigerung eintritt, die späterhin infolge des Ausbleibens der erst langsamer einkommenden Erlöse nicht durchgehalten werden kann.

Anhang.

Umfang und Preis des Kaufkraftangebots.

Das Angebot an einsatzfähiger Kaufkraft.

Das Angebot an einsatzfähiger Kaufkraft setzt sich zusammen aus:

1. der alten bereits stilliegenden Kaufkraft,
2. dem laufenden Zuwachs an stillgelegter Kaufkraft,
3. der im Wege der Kreditgewährung neu zu schaffenden Kaufkraft.

Ausgenommen bleibt also lediglich die bereits im Umlauf befindliche und im Umlauf verbleibende Kaufkraft der Gesamtbankenbilanz.

Der Umfang der zum Einsatz an sich zur Verfügung stehenden Kaufkraft ist von der Höhe des Zinsfußes weitgehend unabhängig. Bei der alten stillgelegten Kaufkraft bedarf es keiner weiteren Erklärung, und die Kaufkraft, die im Wege der Kreditgewährung neu geschaffen werden kann, ist technisch unbegrenzt erweiterungsfähig und deshalb zinsunabhängig. Praktisch gilt jedoch für sie die Einschränkung, daß die Kosten der Kreditgewährung und Verwaltung einschließlich eines Risikozuschlages auf die Dauer durch die Kreditzinsen gedeckt werden müssen (sofern man von der Möglichkeit absieht, daß sie auch von anderen Stellen getragen werden könnten). Bei den Einzelkrediten spielt dieses Moment aber keine Rolle, da die zusätzlich verursachten Kreditverwaltungskosten naturgemäß geringfügig sind.

Die Zunahme der stillgelegten Kaufkraft.

Bei der Kaufkraft, die neu stillgelegt wird, bestehen bei manchen Arten der Kaufkraftstillegung gewisse Abhängigkeiten von der Höhe des Zinsfußes, die jedoch größtenteils von untergeordneter Bedeutung sind.

Bei der Ersparnisbildung ist der Einfluß der Zinshöhe auf den Umfang der Neuersparnisse unbestimmt; er kann sogar unter Umständen negativ sein. Denn eine Steigerung der Zinssätze könnte eher eine Verkleinerung der Sparquote nach sich ziehen, als Anlaß zu erhöhter Spartätigkeit bilden, da die angestrebte Sparsumme dabei in kürzerer Zeit erreicht wird.

Die Einsparung bisher konsumtiv verwandter Einkommensteile kann im Zustande der Vollbeschäftigung zunächst zu einer Freisetzung produktiver Kräfte führen, so daß für den Wiedereinsatz der stillgelegten Sparguthaben vorwiegend zu Investitionszwecken auch entsprechende Produktionskräfte zur Verfügung stehen. Allein nur unter der besonderen Voraussetzung der Vollbeschäftigung kommt der Spartätigkeit diese produktionsfördernde Wirkung zu.

Eine besondere Spartätigkeit bilden die Amortisationszahlungen der öffentlichen Hand auf ihre Konsumschulden. Diese Kapitalrückzahlungen können insofern von der Höhe des geltenden Zinsfußes beeinflußt werden, als eine Senkung der Zinssätze für die bestehenden Staatsschulden eine schnellere Tilgung derselben ermöglicht. Diese Wirkung wird aber zu einem bedeutenden Teil dadurch wieder aufgehoben, daß durch die Zinssenkung die Sparfähigkeit der Rentenbesitzer beeinträchtigt wird.

Der Unternehmerbruttogewinn (d. h. Gewinn vor Abzug der Zinsen, aber nach Absetzung der Anlagenabschreibungen) steht zunächst nur in einem losen Zusammenhang mit der Höhe des Zinsfußes. Eine solche Einwirkung besteht nämlich nur dann, wenn durch die Steigerung der Nachfrage Erweiterungsbauten und Erweiterungsanlagen erforderlich werden. Diese werden erst in Angriff genommen, wenn die Rentabilitätsaussichten den Zinsaufwand für die neu investierte Kaufkraft übersteigen. Dadurch werden aber die bereits bestehenden Anlagen in den Genuß eines Renteneinkommens gesetzt, das zum mindesten die Höhe des für die Neuinvestitionen aufzuwendenden Zinses erreicht. Der Unternehmernettogewinn bewegt sich dagegen umgekehrt zur Zinsentwicklung, da die aus dem Unternehmerbruttogewinn entrichteten Zinsen den Unternehmernettogewinn schmälern.

Bei den Vermögensfreisetzungen ist der Umfang der Abschreibungen von der Höhe des Zinsfußes nicht abhängig. Dagegen besteht bei der Vorratshaltung insofern eine Abhängigkeit, und zwar in der Hauptsache vom Zinsfuß der mittelfristigen

Kaufkraftüberlassung, als einer Erhöhung des Zinses zur raschen Liquidation der nicht unbedingt betriebsnotwendigen Lagerbestände in der Fabrikation und im Handel führen kann. Die Vermögensfreisetzungen kommen größtenteils nur dem Markt für kurz- und mittelfristig überlassene Kaufkraft zugute.

Schuldentilgungen der privaten Wirtschaft können volkswirtschaftlich gesehen nur aus Unternehmergewinnen, verdienten Anlageabschreibungen und Vorratsliquidationen vorgenommen werden; sie richten sich also nach den für diese Arten von Kaufkraftstillegungen geltenden Bestimmungsgründen.

Die Einsatzwilligkeit der Kaufkraftdisponenten.

Wenn für die an sich einsatzfähige Kaufkraft nur eine geringe Zinsabhängigkeit festzustellen war, so gilt für einen Teil der Kaufkraft, die sich zum tatsächlichen Einsatz bereitfindet ebenfalls eine starke Zinsunabhängigkeit (nämlich für die mittelfristige Kaufkraftüberlassung); dagegen ist die langfristige Kaufkraftüberlassung aus bereits stilliegender oder neu stillgelegter Kaufkraft weitgehend von den Veränderungen der Höhe des Zinsfußes bestimmt.

Die mittelfristige Kaufkraftüberlassung.

Der Umfang des Angebots an mittelfristiger Kaufkraft (Kreditgewährung der Banken) richtet sich praktisch nicht nach der Höhe des Zinsfußes für mittelfristige Kredite. Den Ausschlag gibt vielmehr einerseits die Beurteilung des Risikos der Kaufkraftüberlassung bzw. ihrer zukünftigen Rückerstattung an die Gläubiger, andererseits die währungstechnische Notwendigkeit, den Kaufkrafteinsatz und damit die Wirtschaftsausweitung innerhalb der gegebenen materiellen Grenzen der Volkswirtschaft zu halten.

Die Einsatzwilligkeit der Banken.

Die Einsatzwilligkeit der Banken geht zurück, wenn die Risiken der Kaufkraftüberlassung von den Banken sich nicht mehr mit einiger Sicherheit übersehen lassen oder vorübergehend besonders hoch veranschlagt werden. Dies gilt zwar für jede Kaufkraftüberlassung überhaupt, so auch für die langfristigen Kaufkraftüberlassungen. So finden sich in politisch unruhigen Zeiten die Kaufkraftbesitzer im allgemeinen zu länger befristeten Kaufkraftüberlassungen nicht bereit. Dasselbe pflegt einzutreten, wenn sinkende Umsätze die Verdienstkraft der Unternehmungen, das Zinsaufkommen der Hypothekenbanken und die Finanzkraft der öffentlichen Hand gefährdet erscheinen lassen. Vor allem aber sind die Banken bei der mittelfristigen Kredithergabe zurückhaltend, wenn die Rentabilitätsverhältnisse der kreditnehmenden Stellen infolge einer sehr weit fortgeschrittenen Wirtschaftsausweitung oder einer im vollen Zuge befindlichen Wirtschaftsschrumpfung unübersichtlich werden oder sogar als gefährdet gelten müssen.

Der Einfluß der Zentralnotenbank.

Auch kann sich — wie oben erwähnt wurde — die Zentralnotenbank zur Kreditkontingentierung veranlaßt sehen, wenn die Wirtschaftsausweitung zu einer einseitigen Einfuhrsteigerung und damit zu einer Beeinträchtigung der Zahlungsbilanz und der Währungsstabilität zu führen droht. Ehe diese Gefahrenzone erreicht wird, kann der zunehmende Kaufkrafteinsatz jedoch schon in einzelnen Wirtschaftssektoren inflatorische Preissteigerungen hervorrufen. Wenn unter solchen Voraussetzungen eine Verknappung des Kaufkraftangebots vorgenommen wird, deckt sie sich mit einer Verknappung der produktiven Kräfte. Eine Überschreitung dieser Grenze würde dazu führen, daß die auf Kredit gekauften Waren infolge der inzwischen eingetretenen Preissteigerung mit einem Agio weiterveräußert werden könnten und auf diese Weise durch den inflatorischen Kaufkrafteinsatz in Realwerten gerechnet ein negativer Kreditzinssatz entstehen würde.

Die langfristige Kaufkraftüberlassung.

Die Bereitschaft zur langfristigen Kaufkraftüberlassung durch den Erwerb neu ausgegebener Wertpapiere oder sonstiger Vermögensrechte (Hypotheken, Darlehen usw.) steht in erhöhtem Maße unter dem Einfluß der Zinshöhe. Es besteht nämlich keine Bereitschaft zur langfristigen Kaufkraftüberlassung, wenn der gebotene Zins unter der Zinshöhe liegt, die in Zukunft nach Überwindung einer augenblicklich ungünstigen Zeit nach der allgemeinen Meinung der Kaufkraftbesitzer wieder zu erwarten ist. Für die Erwartung der zukünftigen Zinshöhe gibt es jedoch praktisch keinen Anhaltspunkt als die Vergangenheit. Die traditionelle Zinshöhe ist daher richtungweisend für die zukünftigen Zinsansprüche für die gegenwärtig auf lange Zeit überlassene Kaufkraft.

Der traditionelle Zinsfuß.

Diese Ausrichtung nach dem traditionellen Zinsfuß ist der Grund, warum der langfristige Zinsfuß im Verhältnis zu den außerordentlich großen Schwankungen der Rentabilitätsaussichten für Neuinvestitionen eine starke Beharrungstendenz zeigt, und insbesondere bei sinkender Tendenz des langfristigen Zinsfußes wachsende Widerstände bei den Besitzern stillgelegter Kaufkraft gegen langfristige Bindungen hervorruft. Wenn eine Steigerung der Rentabilitätsaussichten eintritt, so werden sich die Kreditnehmer zu einer höheren Zinsleistung bereitfinden und durch ihre gegenseitige Konkurrenz auch dazu gezwungen werden. Kommt der Zins jedoch in die Nähe der Obergrenze des traditionellen Zinsfußes, so tritt eine Bremswirkung in zweierlei Hinsicht ein. Einmal werden auf der Nachfrageseite geplante Investitionen oder erforderliche Konsolidierungen auf Zeiten mit ermäßigten Zinssätzen zurückgestellt, zum andern kann das anlagesuchende Publikum Zweifel in die dauernde Zinsleistungsfähigkeit und in die Rückzahlungsfähigkeit der allzu zinsbereiten Schuldner bekommen. Auf der anderen Seite wird eine tatsächliche Senkung des allgemeinen Zinsniveaus dadurch möglich, daß die Inhaber der stilliegenden Kaufkraft bei fortdauernder Zurückhaltung gegenüber langfristigen Bindungen zu niedrigeren Zinssätzen damit rechnen müssen, daß sie sich lange Zeit mit niedrigen Bankzinsen begnügen müssen, bis sie die von ihnen gewünschten höheren langfristigen Zinssätze erwarten können. Durch den daraus zu erwartenden zwischenzeitlichen Zinsausfall können sie zur Annahme der weniger hohen Zinsgebote bestimmt werden. Eine dauernde Zurückhaltung der Inhaber stillgelegter Kaufkraft kann zu einer Verringerung der Kaufkrafteinsätze und damit zu einer weiteren Senkung der volkswirtschaftlichen Umsätze, der Rentabilität und der Zinsleistungsfähigkeit — auch der der Hypothekenschuldner und der öffentlichen Hand — führen.

Das Verhältnis zum Zinsfuß für langfristige Bankeinlagen und die Liquiditätsprämie.

Die Überlassung stillgelegter Kaufkraft hängt im einzelnen von einer relativen Senkung des Zinses für die langfristigen Bankeinlagen gegenüber der Rendite der Wertpapiere und sonstiger Vermögensrechte ab. Diese relative Senkung des Zinssatzes für alte stilliegende Kaufkraft kann entweder durch eine absolute Senkung des Zinssatzes für die langfristig zur Verfügung stehende Kaufkraft (Bankeinlagen) oder durch eine Steigerung der Rendite der Wertpapiere usw. (also durch Kursherabsetzung dieser Wertpapiere) erfolgen. Der erstgenannte Fall tritt ein, wenn in der Depression die Habensätze für Bankeinlagen sinken oder in der Wirtschaftsausweitung die Rendite oder die Erwartung der Rendite der Aktien (unter Berücksichtigung des Vermögenszuwachses) steigt. Eine relative Steigerung des Zinssatzes für langfristige Bankeinlagen führt umgekehrt zu einer Verringerung der Bereitschaft für die Übertragung der stillgelegten Kaufkraft. Dies gilt sowohl für den Zustand der Hochspannung, wo infolge stark gestiegener Aktienkurse die Rendite der Wertpapiere bereits eine Einschränkung erfahren hat, als auch für die ersten Stadien der Depression, wo infolge mangelnder Rentabilität der Unternehmungen oder eines Überangebots an langfristig verfügbarer Kaufkraft (Markt der Festverzinslichen) vorübergehend ein Tiefpunkt der Wertpapierrendite erreicht wird. Die Bereitwilligkeit der Besitzer stillgelegter Kaufkraft zur langfristigen Kaufkraftüberlassung hängt somit 1. von der Höhe der Zinsdifferenz zwischen der Verzinsung langfristiger Bankeinlagen und der Rendite der zu übernehmenden Vermögenswerte, 2. von der Beurteilung des Risikos einer etwa mangelnden Zinsleistungsfähigkeit und Kapitalrückzahlungsfähigkeit bzw. -bereitschaft und 3. von der Höhe der Liquiditätsprämie ab, die der Geldgeber sich selbst in Rechnung stellt. Diese Liquiditätsprämie stellt einen kalkulatorischen Risikoabschlag (von dem zu erwartenden langfristigen Zins) dar zur Deckung der Kosten und Gefahren, die dem langfristigen Geldgeber aus der Bindung seiner Mittel erwachsen können. Bei weitgehender Fungibilität der Vermögensrechte ist diese Liquiditätsprämie nicht sehr hoch zu veranschlagen.

Einfluß der Zinshöhe auf den Umfang der Kaufkraftnachfrage.

Die Zinshöhe vermag den Umfang der Kaufkraftnachfrage nur in beschränktem Maße zu beeinflussen: Die Investitionen langfristig sich amortisierender Anlagen (z. B. Wohnungsbauten) können zwar durch die Höhe des Zinsfußes im umgekehrten Verhältnis beeinflußt werden, bei den industriellen Investitionen sind jedoch für den Investitionsentschluß im allgemeinen andere Gesichtspunkte vorherrschend als die Höhe der Zinsbelastung. Außerdem gestattet es der schrittweise Ausbau der Werke Investitionskredite aus verdienten Abschreibungen auf ältere Anlagen verhältnismäßig kurzfristig wieder zu amortisieren. Auch spielt die Verteuerung der laufenden Betriebsmittelkredite im Zuge der

Wirtschaftsausweitung keine Rolle, weil diese Kostensteigerung auf den Umsatz bezogen in keinem ins Gewicht fallenden Verhältnis steht zum Maß der Elastizität der Umsatzpreise.

Keine zweiseitig marktregelnde Funktion des Zinsfußes.

Der Zins hat (im Gegensatz zur normalen Preisfunktion) keine zweiseitig wirksame marktregelnde Funktion, die sich in der Weise vollzieht, daß durch eine Heraufsetzung der Preise einerseits die Nachfrage beschränkt und andererseits Anlaß zu einer Vermehrung des Angebots gegeben wird oder durch eine Herabsetzung der Preise die Nachfrage angeregt und das Angebot zur Zurückhaltung bestimmt wird. Die Nachfrage nach kurz- und mittelfristiger Kaufkraft wird in der Regel überhaupt nicht von der Höhe des Zinses beeinflußt. Die Überlassung an kurz- und mittelfristiger Kaufkraft kann zwar bei Erreichung oder Überschreitung der materiellen Grenzen der Wirtschaftsausweitung unter ganz bestimmten Voraussetzungen durch die Höhe des Zinssatzes begrenzt werden, sie muß es indessen nicht notwendigerweise, und wenn eine Beschränkung der Kaufkraftüberlassung bewirkt werden soll, so wird sie in den meisten Fällen nicht durch eine Erhöhung des Zinssatzes, sondern durch eine Kontingentierung erzwungen. Die an und für sich für die langfristige Kaufkraftüberlassung zur Verfügung stehende stillgelegte Kaufkraft kann durch eine Veränderung des Zinssatzes nur in wenigen Fällen und auch dann nur in begrenztem Umfange beeinflußt werden. Die Bereitwilligkeit der Besitzer stilliegender Kaufkraft zur langfristigen Kaufkraftüberlassung ist nur insoweit von der Höhe des Zinses abhängig, als nach Unterschreitung eines bestimmten Zinsniveaus eine Zurückhaltung eintritt, die bis zur völligen Unterlassung jeglicher Kaufkraftüberlassung gehen kann, während bei Erreichung einer gewissen Obergrenze ebenfalls eine Bremswirkung ausgeht, einmal von dem mißtrauisch gewordenen Anlegerpublikum, zum andern in noch stärkerem Maße von der Nachfrageseite, die nicht dringliche Investitionen alsdann auf Zeiten niederer Zinssätze zurückzustellen pflegt. Innerhalb einer mehr oder weniger traditionellen Unter- und Obergrenze des langfristigen Zinsfußes kann dieser je nach der wechselnden Dringlichkeit von Nachfrage oder Angebot stärkeren Schwankungen unterliegen, ohne daß dadurch jedoch der Umfang von Angebot und Nachfrage an Kaufkraft in fühlbarem Maße beeinflußt werden würden. Dabei bleibt die absolute Höhe des Zinsfußes infolge der Bindung an den traditionellen Landeszinsfuß verhältnismäßig stabil. Diese Situation ermöglicht eine monopolistische Lenkung des Zinses durch die Finanzpolitik der öffentlichen Hand, sobald diese eine monopolähnliche Stellung erreicht und sich durch die Vorfinanzierung ihrer Vorhaben zwangsläufig die zu deren Konsolidierung erforderliche langfristig verfügbare Kaufkraft sichert.

Die traditionelle Höhe des Landeszinsfußes.

Die Vorstellungen von der traditionellen Höhe des Landeszinsfußes, d. h. des landesüblichen Preises für die langfristige Kaufkraftüberlassung beruht auf der Erfahrung des über lange Zeiträume tatsächlich bezahlten Preises für die langfristige Überlassung von Kaufkraft. Doch pflegt der Preis für mittelfristige Kaufkraftüberlassung über dem traditionellen Preis für die langfristige Kaufkraftüberlassung zu liegen, wie an anderer Stelle näher begründet wird.

Langfristige Schwankungen des Zinsfußes.

Es ist nun ohne weiteres einleuchtend, daß die Höhe des Zinsfußes für langfristige Kaufkraft sehr unterschiedlich sein muß, wenn ein vordringlicher Geldbedarf der öffentlichen Hand mit dem der privaten Wirtschaft konkurriert oder wenn die staatlichen Geldansprüche klein gehalten werden, die industrielle Unternehmertätigkeit sich ebenfalls in engen Grenzen hält und die Nachfrage nach langfristiger Kaufkraft in der Hauptsache vom Wohnungsbau und von der Erbteilung landwirtschaftlichen Vermögens ausgeht. Infolgedessen haben politisch aktive Zeiten mit ihrem hohen Staatskreditbedarf den Landeszinsfuß zumeist auf längere Dauer, also über mehrere Perioden industrieller Konjunkturschwankungen hinweg hochgehalten; während in politisch weniger bewegten Zeiten mit geringerem staatlichen Geldbedarf die Möglichkeit besteht, daß der Landeszinsfuß niedriger ist. Denn unter den zuletzt erwähnten Voraussetzungen kann die öffentliche Hand bei der Deckung ihres Anleihebedarfs die regelmäßig kurzfristig wiederkehrenden Zeiten niedriger Kapitalmarktsätze abwarten. Da die Zinsleistungsfähigkeit der Wohnungsinvestitionen und der landwirtschaftlichen Grundrenten begrenzt ist, so gewinnt unter diesen Umständen die Höhe des Produktivzinses, der für die Überlassung langfristiger Kaufkraft

(Aktienrendite) aus den Unternehmerbruttogewinnen bezahlt wird, eine richtungweisende Bedeutung. Der große industrielle Kreditbedarf der modernen Wirtschaft hat den Landeszinsfuß — obwohl sogar eine Verringerung der allgemeinen wirtschaftlichen Risiken eingetreten sein dürfte — auf einer sonst nicht erreichten Höhe gehalten.

Die Höhe der Produktivzinsen und die Überteuerung des Zinsniveaus.

Der Produktivzins für die Investitionskredite (zu denen auch Betriebskredite zu zählen sind, soweit sie entweder mittelbar einer Investitionserhöhung oder unmittelbar einer Vorratserhöhung dienen) stellt aber eine Belastung der Unternehmerbruttogewinne zugunsten der Kreditgeber dar. Da die Unternehmerbruttogewinne, wie wir gesehen haben, Ausfluß zusätzlichen Kaufkrafteinsatzes, also ein Ausdruck der wirtschaftlichen Expansion sind, so ist der Produktivzins insoweit ein Element einer auf Expansion eingestellten Wirtschaft. Die Höhe des Produktivzinses wird auf die Dauer nach oben hin durch die traditionelle mittlere und bis dahin die Schuldaufnahme gestattende — nicht durch die durchschnittliche — Höhe der früher erzielten und daher in Zukunft auch als erzielbar angesehenen Unternehmerbruttogewinne bestimmt, wobei der Produktivzins etwas darunter liegt, nämlich um die den Unternehmern verbleibenden durchschnittlichen Nettogewinne. Das heißt: nicht der Durchschnitt der Unternehmerbruttogewinne, der sich unter Berücksichtigung extrem günstiger und extrem ungünstiger Ertragslagen (Betriebsverluste) im gewogenen Durchschnitt ganz anders stellen kann, sondern die nach ihrer Häufigkeit örtlich und zeitlich vorwiegende mittlere Höhe der Unternehmerbruttogewinne wird richtungweisend. Das Zinsniveau ist in Ländern mit geringer industrieller Entwicklung, die infolgedessen einerseits noch große Renten- und Unternehmergewinne zulassen und andererseits über ein wenig entwickeltes Bankensystem verfügen, gegenüber den industriell entwickelteren Ländern verhältnismäßig sehr hoch. Dazu kann auf Kosten der bestehenden Verbrauchseinkommen und der Unternehmerbruttogewinne vorübergehend oder auf längere Zeit ein politischer oder wirtschaftlicher Risikozuschlag hinzutreten, der zu einer Überteuerung des allgemeinen Zinsniveaus führen kann. Da indessen die Bruttounternehmergewinne zum Zeitpunkt der Kaufkraftüberlassung und der Zinsvereinbarung noch keineswegs feststehen, so wirkt bei der Preisbildung für die Kaufkraftüberlassung weniger die Beurteilung der Zukunftsaussichten als vielmehr die Erfahrung über die bisherige Höhe der Unternehmergewinne als Preisbestimmungsgrund mit, zumal die erwarteten Gewinnmöglichkeiten, aus denen in Zukunft der Produktivzins gezahlt werden soll, mitunter in zu optimistischer Erwartung bei weitem überschätzt werden können. Die Abhängigkeit der Zinsbemessung von den bisherigen Erfahrungswerten gilt nicht nur für die Nachfrageseite, da diese nicht gern ohne besonderen Grund höhere Zinsen bewilligt; sie gilt in noch stärkerem Maße auch für die Angebotsseite, die nicht unter das Zinsniveau der Vergangenheit gehen will in der Annahme, daß diese Zinsbelastung auch für die Zukunft tragbar sein werde. Bei der normalen Preisbildung für wirtschaftliche Leistungen würde eine auf einer unzutreffenden Zukunftserwartung beruhende falsche Preisstellung sehr bald ihre Berichtigung finden. Eine zu hohe oder zu niedrige Zinsfestsetzung löst aber, wie oben dargelegt worden ist, keine ins Gewicht fallenden Veränderungen der Angebotsmengen aus. Der Zins ist vielmehr ein einseitig festgesetzter Quasimonopolpreis, bei dessen Festsetzung infolge des Fehlens genauer Zinsleistungsgrenzen die traditionellen Vorstellungen über die Angemessenheit der Zinsbelastung den Ausschlag geben. Eine zu hohe Zinsbelastung führt zu einer Schmälerung der Unternehmerbruttogewinne und im Falle der Möglichkeit der Überwälzung dieser Belastung auch zu einer Schmälerung der sonstigen Einkommen, insbesondere der Arbeitseinkommen. Eine derartige Elastizität ist aber insofern gegeben, als eine Steigerung des langfristigen Zinsfußes um 25 bis 50% der ursprünglichen Zinshöhe, also absolut um etwa 1 bis 2% z. B. in Deutschland nur eine Steigerung der Zinsbelastung der Wirtschaft um etwa 1 bis $1^1/_4$% ihres gesamten Nettoeinkommens bedeuten würde.

Der Zins als Kontrolle der Wirtschaftlichkeit.

In diesem Zusammenhange ist noch folgendes zu bemerken: Durch den Umstand, daß in der modernen Wirtschaft zur Kontrolle der Wirtschaftlichkeit der Verwendung der zur Verfügung gestellten Kaufkraft auf jeden Kredit Zinsen gerechnet und auf jede Vermögensanlage, sofern noch eine Alternative des

Kaufkrafteinsatzes besteht, zum mindesten Zinsen kalkuliert werden, bedingt der Zwang zur Erwirtschaftung der kalkulierten Zinsen eine immer weitere wirtschaftliche Expansion, wenn eine Vereinnahmungsmöglichkeit der berechneten oder kalkulierten Zinsen sichergestellt werden soll. Die Erfüllung der Zinsverpflichtungen setzt also eine wachsende Zunahme der absoluten Höhe des Investitionsvolumens voraus, und zwar handelt es sich dabei um eine geometrische Reihe.

Der Zins in der expansionslosen Wirtschaft.

Eine expansionslose Wirtschaft kennt den Zins nur als Ertrag einer kapitalisierten Grundrente oder kapitalisierter Steuereinkünfte. Im übrigen ist in einer expansionslosen Wirtschaft der Zins als eigener Kostenfaktor unbekannt und das Zinsnehmen im Mittelalter in konsequenter Weise auch verboten gewesen, da es sich dabei bis zum Aufkommen expansionsfreudiger Wirtschaftsgebilde (Handel) nur um Konsumtivzins handeln konnte. Wird in einer expansionslosen Wirtschaft ein Zins, der nicht Grundrente oder Steuerübertragungen darstellt, bezahlt, so handelt es sich um eine Belastung der übrigen Einkommen zugunsten der Zinsempfänger. So ist es z. B. in der expansionslosen Wirtschaft im Prinzip, und auch heute noch in der Landwirtschaft und im Handwerk praktisch vielfach nicht möglich, das investierte Vermögen zu verzinsen. Darauf beruht vielfach die Kreditnot der kleinbäuerlichen und handwerklichen Betriebe, da diese erfahrungsgemäß nur in geringem Umfange expansiv tätig sein können.

Das mangelnde Rentabilitätsdenken von Handwerker- und Bauerntum.

Weil diese Kreise nicht immer über ein vollentwickeltes Rentabilitätsdenken verfügen, so sind sie bereit, für den Erwerb von Stellen und Betrieben Preise zu bewilligen, die keine Rentabilität des investierten Vermögens belassen. Erfolgt der Stellenkauf mit Fremdkapital, so bedeutet dessen Verzinsung, soweit sie die Grundrente übersteigt, eine entsprechende Kürzung des Arbeitseinkommens. Dazu kommt, daß die Grundrente infolge der steigenden Produktivität der menschlichen Arbeitskraft und ihres wachsenden Anteils am Endwert der landwirtschaftlichen und bergbaulichen Produkte damit anteilig stärker zurückgegangen ist. Es ist sogar die Frage, ob die Grundrente unter dem steuerlichen Zwang zur Bewirtschaftung der Ländereien in der Landwirtschaft nicht vielfach überhaupt auf ein Minimum zusammengedrückt, d. h. weggesteuert wird, und in den landwirtschaftlichen Zinsen vielfach überhaupt keine Grundrente enthalten ist, sondern an ihrer Stelle Zinsen nur durch eine Schmälerung des landwirtschaftlichen Arbeitseinkommens entrichtet werden, soweit nicht in der Landwirtschaft selbst Unternehmerbruttogewinne vorliegen.

Sachregister.

I

K

Anlage.

Inhaltsangabe.

Die Beherrschung der Konjunktur.

I. Die Wirtschaftsausweitung.

1. Ursachen und Motive wirtschaftlicher Veränderungen. Die Bedeutung des Anteils der Wirtschaft der öffentlichen Hand an der gesamten Volkswirtschaft.

2. Die psychologischen und materiellen Grundlagen der privaten Unternehmerinitiative.
   a) Der kalkulierende Unternehmer: Der Nettobetriebsgewinn. Die Vorkalkulation und der Risikozuschlag. Die Bedeutung der Investitionskosten und des Zinses. Die Risiken der Erweiterungs- und der Verbesserungsinvestitionen.
   b) Die Stellung des Geldgebers: Die Risiken des Geldgebers. Die verschiedenen Zinssätze an den einzelnen Kaufkraftmärkten.
   c) Der Kaufkrafteinsatz in der privaten Wirtschaftssphäre: Die Investitionstätigkeit in der Depression. Die Entwicklung der Investitionskosten. Die Ursachen für die Wiederbelebung der Investitionstätigkeit. Die Entwicklung der Ersatzinvestitionen. Der Rhythmus der Neuinvestitionen.
   d) Der Zeitpunkt des Investitionsbeginns.

3. Der Erfolg und die materiellen Grenzen der Wirtschaftsausweitung.
   a) Die Grenzen der inländischen Produktionsausweitung: Die Ursachen und die Bedeutung der Grenzüberschreitungen. Die Manipulation der Grenzüberschreitungen durch den Preismechanismus und durch sonstige Maßnahmen.
   b) Die materiellen Grenzen des Außenhandels: Leistungsaustausch mit dem Auslande. Das innere Preis- und Lohnniveau und die Kursgestaltung einer Währung.
   c) Die Einkommensentwicklung im Zuge der Wirtschaftsausweitung.

4. Die zeitlichen Grenzen der Wirtschaftsausweitung.
   a) Bei Entfaltung privater Unternehmerinitiative: Störungen auf der Nachfrageseite. Störungen auf der Angebotsseite. Die Kaufkraftverknappung. Schwierigkeiten bei der Einordnung der Produktion der neu errichteten Anlagen in den Leistungsaustausch. Die Übersättigung der Märkte für Gebrauchsgüter und Gebrauchsinvestitionen. Arbeitermangel. Mangel an technischen und organisatorischen Ideen. Kalkulatorische Hemmungen. Seelische Gründe für die Beendigung der Wirtschaftsausweitung. Zur Frage des Kapitalmangels.
   b) Bei der Entfaltung zusätzlicher Konsumnachfrage durch die öffentliche Hand. Die Finanzgebarung der öffentlichen Hand. Konkurrenz zwischen staatlicher

Konsumkonjunktur und privater Wirtschaftsausweitung. Staatliche Konsumkonjunktur an Stelle eines allgemeinen Beschäftigungsrückgangs. Die Verschuldungsgrenze der öffentlichen Hand. Die Möglichkeiten der Schuldenabwälzung.

II. Die Depression.

1. Depressionskräfte und Gegenkräfte.

Der Depressionsbeginn. Der Kaufkrafteinsatz zu Investitionszwecken in der Depression und die Vermögensfreisetzung bei nicht erneuerten Anlagen. Vermögensfreisetzung durch Vorratsabbau. Der Kaufkrafteinsatz für Verbrauchszwecke. Die Ersparnisbildung in der Depression. Die Unternehmergewinnbildung in der Depression und der Betriebsverlust. Die Gestaltung der Außenhandelsbeziehungen. Die Steuerbelastung in der Depression.

2. Der Rückgang des Verbrauchsvolumens.

3. Der zeitliche Ablauf der Depression.

Die Krise. Die materiellen Untergrenzen sowie die zeitlichen Grenzen der Depression: die neue Gleichgewichtslage.

4. Der Sinn der dynamischen Pause.

Die positiven Seiten der Depression. Die Abhängigkeit der wirtschaftlichen Bereinigung von der Depression.

III. Bewertung, Veränderung und Finanzierung des volkswirtschaftlichen Aktivvermögens im Wechsel von Wirtschaftsausweitung und Depression.

Die Bewertung der Vermögen. Die Vermögensneubildung. Das Liquiditätsproblem in der Volkswirtschaft.

IV. Wirtschaftspolitische Folgerungen.

1. Depressionspolitik.

Vorbeugende Maßnahmen. Maßnahmen in der Depression. Außerwirtschaftliche und innerwirtschaftliche Depressionen. Verringerung der Stillegungsquote. Weitgehende Stabilisierung des Verbrauchsvolumens. Erhöhung des Kaufkrafteinsatzes. Allgemeine Maßnahmen zur Verhinderung zusätzlicher Störungen. Maßnahmen bei langdauernden Depressionstendenzen. Strukturelle Verschiebungen zwischen Investitionsgüter- und Verbrauchsgütererzeugung.

2. Über gewisse Möglichkeiten einer Stabilisierung der allgemeinen Beschäftigung.

Voraussetzungen für eine Vermeidung der Depression. Höchstmaß an Wirtschaftlichkeit und Beschäftigungsstabilisierung. Die planmäßige Förderung der Investitionstätigkeit. Die Erweiterung des Verbrauchsvolumens. Die Situation in der depressionsschwangeren Wirtschaft. Die Maßnahmen zur Stabilisierung der Gesamtbeschäftigung im Wege der Verbrauchsausweitung. Arbeitsbeschaffungsmaßnahmen. Die Durchsetzungsschwierigkeiten der Stabilisierungsmaßnahmen.

3. Konjunkturbeherrschung.

www.ingramcontent.com/pod-product-compliance
Lightning Source LLC
LaVergne TN
LVHW042247300926
849161LV00003B/501